Érase una vez... la música!

Redbook

Título original: *C'era un volta... la música!*

© 2017 Didattica Attiva / Musica Practica, Turín, Italia

© 2021, Redbook ediciones

Compaginación: Regina Richling
Ilustraciones: Giorgio Delmastro

ISBN: 978-84-18703-01-0

Depósito legal: B-964-2021

Impreso por Ulzama, Pol.Ind. Areta, calle A-33, 31620 Huarte (Navarra)

Impreso en España - *Printed in Spain*

«Este libro ha sido traducido gracias a una subvención del Ministerio de Asuntos Exteriores y de la Cooperación Internacional italiano.» («Questo libro è stato tradotto grazie a un contributo del Ministero degli Affari Esteri e della Cooperazione Internazionale italiano.")

Paola Venturi

Érase una vez... la música!

La historia
de la música
explicada
a los niños

Traducción: Cristina Zuil
Ilustraciones: Giorgio Delmastro

MA
NON
TROPPO

Este libro está dedicado a mis hijas Sofía y Sara, a quienes Papageno les contó esta historia hace mucho tiempo.

¿Se puede? ¿Se puede entrar en este libro? ¡Perdonad! Perdonad, vengo… bueno, vengo de otro mundo… Sí, de un mundo lleno de notas musicales. ¡Por cierto! Me llamo Papageno y, en el mundo de la música, no es por presumir, soy un personaje bastante importante.

¿Que por qué estoy aquí? ¡Uy, si lo supierais… si supierais lo preocupados que están allí! Tienen miedo. Pensad un poco, tienen miedo de que a los niños ya no les guste la música, de que estén demasiado ocupados con los ordenadores y los teléfonos y de que ellos acaben en la buhardilla.

Por eso, a mí, para tranquilizarlos, se me ha ocurrido una idea… ¿Queréis saber cuál? ¡La idea de venir hasta aquí para contaros la historia! ¿Qué historia? ¡Pues la historia de la música, naturalmente! Esa a la que vosotros llamáis música clásica, la que escucháis en los discos o aprendéis a tocar con los instrumentos. Es una historia larga, ¿sabéis? Oh, sí, un montón de nombres, fechas… Pensad que comienza con los hombres primitivos y termina… hoy… ayer, más o menos… Pero ahora viene lo mejor: ¡yo no me acuerdo de todos esos nombres y fechas!

¿Sabéis qué haremos? Volar… ¡Sí, como los pájaros! Y veremos desde lo alto el paso de los siglos. De vez en cuando, quizás nos detengamos un poco para observar de cerca algún personaje que nos interese en particular… Entonces, ¿qué? ¿Qué decís? Tenéis ganas de escuchar mi historia, ¿verdad?

Paola Venturi

Érase una vez... la música!

La historia de la música **explicada** a los niños

¡Oh, bien!
Lo primero….

*Lo primero es
hacer la cubierta,
que es la puerta a cada libro…*

Eso es… Ya está…

… y, a continuación… bueno, ahora tenemos que hacer el índice, que es como… el mapa de la casa, ¿no?

Índice

Los primeros músicos 12

El arte de las musas 15

Música de los cristianos 20

Comenzamos a escuchar 24

Al compás de las damas y los caballeros 27

La música a capas 30

¡Qué bonito es recitar cantando! 33

Los músicos inventan un juego nuevo 37

Los instrumentos comienzan a tocar solos 41

Una forma para los sonidos 44

Conocemos a un personaje importante 49

En el reino de los cantantes 54

Una música a la moda 60

Quietos todos… ¡eso es un piano! 64

La historia de un niño muy particular (y su familia)............67

Un mundo nuevo 71

Una música nueva 76

En el salón del castillo 82

¿Qué quiere decir romántico? 86

Una tarde en el Teatro de La Scala 92

La alfombra mágica 97

Una música distinta 101

La muchacha de los cabellos de lino 105

Lo poco gusta y lo mucho cansa 109

¡Reinventamos la música! 113

La moraleja de la historia 118

Papageno aconseja… 123

¡Ya está! Ahora que todo está listo, podemos comenzar.
Y empezaremos, por supuesto, por…

Los primeros
músicos

Quiénes habrán sido los primeros músicos? ¡Venga, lo sabéis! Los primeros hombres, ¿no? Esos que vivían en las cavernas o en las chozas y que inventaron las flechas, las vasijas y todas las otras cosas que servían para sobrevivir.

Estos hombres se darían cuenta de que, al soplar dentro de una caña o un cuerno vacío de animal o al golpear un trozo de madera sobre un tazón, surgían sonidos.

También cantarían, quizás no muy afinados, para dormir a sus hijos o para mostrar alegría tras una cacería afortunada… En fin, imaginaos a esos hombres primitivos. Es posible que se las arreglaran como pudieran porque hacer música aparece de forma espontánea en todos o casi todos los hombres.

Sin embargo, a decir verdad, no sabemos nada de nada con seguridad porque de esta actividad musical no queda ninguna prueba. De hecho, si construyeron instrumentos, debieron de ser de madera o de caña, que son materiales que no duran miles de años.

Así, para tener alguna noticia fiable sobre personas que tocaban o cantaban, debemos dar un gran salto en el tiempo hasta llegar a aquellas que pertenecían a lo que llaman en vuestros libros de texto *primeras grandes civilizaciones del mundo antiguo.* Es decir, aquellas poblaciones que sabían construir ciudades o palacios, que guerreaban, comerciaban con pueblos vecinos y, sobre todo, que comenzaron a escribir y describir los hechos importantes que sucedían para que sus hijos y nietos los recordaran.

Estos pueblos eran, por ejemplo, los egipcios. ¿Os acordáis de aquellos que construyeron las pirámides y escribían con dibujos llamados *jeroglíficos?* También estaban los hebreos, pueblo cuya historia se narra en la Biblia, así como los sumerios.

Según lo que dicen los académicos, estos pueblos antiguos utilizaban muchos instrumentos musicales, muy distintos entre sí: instrumentos de *percusión*, es decir, los que se tocan golpeándolos con las manos o con otros objetos, y los de *viento*, como las trompetas y las flautas. Además, había instrumentos de *cuerda* como el arpa y una especie de laúd. ¿Qué es un *laúd?* Bueno, un instrumento que funciona como una guitarra, pero con una forma un poco diferente…

En resumen, sabemos que los pueblos antiguos ya habían descubierto los principales modos de producir sonidos. Pero sobre todo sabemos que la música era importante para ellos y que estaba presente en muchos momentos de su vida, como las fiestas o las ceremonias religiosas, esto es, cuando las personas iban juntas a los templos, que eran sus iglesias, para rezar a los dioses en los que creían.

¿Cómo lo sabemos? ¡Ah, aquí no hay duda! Las pinturas y esculturas antiguas son las que nos lo han contado, haciéndonos llegar las imágenes de aquellos que han sido, con total seguridad, los primeros músicos.

El Arte de la Musa

Pero ¿quién ha inventado la palabra «música»? Seguro que esto no lo sabéis. Bueno, para responder a esta pregunta, debemos hablar de otro pueblo antiguo, los griegos. Bien, debéis saber que estos griegos eran hombres que querían conocer el porqué de todas las cosas y observaban el mundo que los rodeaba en un intento por comprender las razones por las que estaba hecho así y por las que se comportaba como veían.

No tenían telescopio para mirar las estrellas ni todos los instrumentos que tienen los hombres modernos para explorar la naturaleza. No obstante, sabían usar dos aptitudes valiosísimas que todos poseemos: la capacidad de observar y la de imaginar.

Así, al contemplar, por ejemplo, el sol que aparece por la mañana en una parte del horizonte y que, por la tarde, se esconde por la contraria, imaginaban que atravesaba el cielo montado en un carro de fuego guiado por caballos muy veloces y que, al llegar al lado opuesto, descansaba en un palacio hecho de oro antes de volver después al lugar de donde había partido… En resumen, ¡sus explicaciones eran una especie de fábulas! Eran cuentos que no servían para divertir, sino para enseñar. Los protagonistas de dichas fábulas eran los dioses.

Justo así. Porque los griegos no creían en un solo dios, sino que tenían toda una colección de deidades, cada una con su especialidad. Estaba la diosa del amor y la belleza, el dios de la guerra, el del mar, el de los vientos, etc. Estos dioses eran muy parecidos a los hombres y se comportaban como ellos: batallaban, se ofendían, se enamoraban, tenían hijos, se engañaban los unos a los otros… Pero no morían nunca y estaban dotados de poderes extraordinarios con los que podían intervenir en los asuntos de los hombres.

Entre estas deidades, estaban también las musas, nueve hermanas protectoras de las artes y, en particular, de la música. Las musas sabían cantar de maravilla y podían darles a los hombres la capacidad de decir las cosas de forma dulce y bonita y de cantar de

modo tal que el que los escuchaba se olvidaba de todo lo demás, incluso de las preocupaciones y el dolor, con lo que se restablecía la paz y la alegría. Por eso, la música se llamó así, porque era el *arte de las musas*.

Sin embargo, los griegos no entendían por música solo el arte de los sonidos, sino también el de la poesía. Sí, señor, los músicos también eran poetas que cantaban poemas acompañados de instrumentos musicales.

No podemos saber cómo era esta música porque los músicos se la aprendían de memoria al escucharla y repetirla. Por lo tanto, no nos han llegado melodías escritas que podamos tocar.

Sin embargo, lo que nos interesa saber es que los griegos habían entendido una cosa muy importante: la

música es una especie de magia, una magia potente que ejerce su poder sobre los humanos y los animales. Justo en una de sus fábulas más famosas, la de *Orfeo y Eurídice*, podemos comprender el gran poder que tenía la música para los griegos.

Orfeo no era un dios, sino un hombre especial. De hecho, era hijo de una de las musas y su madre le había dado la capacidad de cantar y tocar tan bien que, cuando recitaba sus poemas acompañado de la *cítara* (instrumen-

to hecho con cuerdas que se pellizcan), todos se detenían encantados a escuchar, incluso los animales feroces.

Sin embargo, un día oscuro, a su mujer Eurídice le mordió una serpiente venenosa mientras paseaba por la hierba y murió. Orfeo, angustiado y casi enloquecido por un dolor tan grande, comenzó a caminar, a la vez que lloraba y cantaba su desesperación.

Así llegó a las puertas del Hades, lugar donde los antiguos griegos creían que iban a parar las almas de las personas muertas. Allí reinaban Hades y Perséfone, el rey y la reina de este lugar oscuro y espantoso donde ningún hombre vivo podía entrar. No obstante, Orfeo apareció tocando la cítara y cantando de manera tan maravillosa que los guardianes de las puertas, encantados, se olvidaron de su deber y lo dejaron entrar. A su paso, las sombras de los muertos llegaban de todas partes y se detenían a escucharlo.

Al final, Orfeo llegó ante el rey y la reina, que escucharon su canto y, conmovidos por una música tan hermosa, le dieron permiso para llevarse a su Eurídice al mundo de los vivos. ¡Tan grande era el poder de la música para los griegos que podía incluso vencer a la muerte!

Sin embargo, Orfeo no consiguió sacar a Eurídice del reino de Hades, ¿sabéis? La reina Perséfone le había puesto una condición: durante el camino de vuelta, Orfeo no debía mirar nunca hacia atrás para ver si Eurídice lo estaba siguiendo. Pero, cuando estaban a punto de llegar a la tierra, Orfeo no pudo resistir más el deseo de ver si era cierto que su esposa iba detrás de él. Nada más volverse, Eurídice desapareció y regresó para siempre al reino de los muertos.

Por desgracia, así termina esta historia. Y así acaba también este capítulo, puesto que Grecia, como los más mayores sabréis, en cierto momento sufrió la conquista de los romanos…

La MÚSICA
de los cristianos

Sí, justo los antiguos habitantes de Roma. Estos romanos, poco a poco, habían conquistado todo el mundo conocido y lo habían organizado en forma de imperio, que era como un único estado grande compuesto por muchos lugares distintos. Sin embargo, no todas las regiones eran igual de importantes dentro del imperio. Había una que era más relevante que las otras, Roma, y el resto dependía de ella. El rey de Roma era el emperador y gobernaba sobre todos.

Los romanos, cuando conquistaron Grecia, dominaban las armas, pero no conocían todas las cosas que sabían los griegos. Les faltaba, por así decir, actualizarse un poco en la cultura.

Sin embargo, poco a poco, como una planta absorbe el agua del terreno a través de las raíces, así los romanos consiguieron absorber de los griegos su capacidad de ra-

zonar, de hacerse preguntas y de encontrar respuestas…
¡Y luego estaba el arte! La poesía, la escultura y, por supuesto, la música.

No obstante, durante el Imperio romano, que duró muchos muchos años, sucedió un hecho muy importante, tanto que cambió la historia de la humanidad. En Palestina nació Jesús, quien reunió a su alrededor a un grupo de amigos que creían en sus palabras y se esforzaban por vivir siguiendo sus enseñanzas. Después de su desaparición, estos amigos suyos continuaron hablando sobre él al resto y una cantidad de personas cada vez mayor se unió a ellos para vivir como Jesús les había enseñado. Así nació la Iglesia.

Al final, aunque debieron pasar muchísimos años, los emperadores también se convirtieron en cristianos, a pesar de que al principio habían sido enemigos de la Iglesia. Las nuevas ideas del cristianismo se difundieron así por todo el imperio y sustituyeron las antiguas creencias en los dioses.

Este no fue un cambio insignificante, ¿sabéis? Porque lo modificó todo y, por supuesto, las artes y la música en particular. Desde los primeros tiempos, los cristianos solían reunirse para rezar juntos y entonaban cantos sencillos. Por eso, en el mundo cristiano, la música tenía una gran importancia, quizás incluso mayor que la que había tenido en el mundo antiguo. Si, para los griegos antiguos, la música era mágica, para los cristianos era plegaria, es decir, una forma de hablar con Dios.

Al principio, como hemos dicho, eran cánticos muy simples, en los que las palabras eran más importantes que la melodía, pero, después, poco a poco, las personas más habilidosas comenzaron a embellecer esas melodías, que se entonaban siempre igual con partes nuevas que inventaban. Luego, se dieron cuenta de que también podían cantar dos melodías a la vez y que el resultado era precioso.

Pero, de este modo, la música se volvió más difícil de cantar y se necesitaba a más personas virtuosas que dedicaran todo su tiempo a aprenderse bien los cánticos, por lo que esto se convirtió en un auténtico y verdadero trabajo.

A estos cantantes profesionales a veces se les llamaba también de otras iglesias para que enseñaran las canciones más bonitas y nuevas porque todas las iglesias, o al menos las más importantes, tenían un coro que cantaba durante la misa y otras ceremonias religiosas.

Pero ahora que los cánticos se habían vuelto más complejos, era cada vez más difícil aprenderlos de memoria, por lo que fue necesario darles a los cantantes una hoja escrita que ayudara a recordarlos.

Así, comenzaron a dibujar sobre las palabras del texto símbolos simples que indicaban si las notas de la melodía subían (se volvían más agudas) o bajaban (se volvían más graves). Después, tras mucho probar, tuvieron la idea de trazar una línea horizontal (¡recta!) sobre la que pudieran dibujar cuadrados que correspondían a las notas. Las que estaban encima de la línea eran notas más agudas y, por supuesto, las que estaban debajo eran más graves.

¡El sistema funcionó! Funcionó tanto que la línea se convirtió en dos, luego en tres y así continuaron hasta que, cuando pasaron a ser cinco, alguien pensó que era el momento de parar. Desde entonces, las notas, que con el tiempo se han vuelto redondas, se escriben sobre cinco líneas unidas que se llaman *pentagrama*.

Comenzamos a escuchar

«**P**ero ¿es tan importante que en cierto momento se haya empezado a escribir la música?». ¡Claro que sí! Porque, de esta manera, podemos comenzar a escucharla.

Así es, porque lo único que podemos hacer con la música de los antiguos griegos y romanos es imaginárnosla, igual que de la música de los primeros cristianos solo podemos hacernos una vaga idea. Sin embargo, a partir de este momento, gracias a la escritura, la música se convierte en una cosa que podemos tocar y escuchar. Y espero que la escuchéis porque hablar de la música sin escucharla es como hablar de marcas de caramelos sin probarlos, bastante inútil, ¿no?

En cuanto a escuchar la música, antes me gustaría deciros dos palabras sobre cómo la siento yo. En primer lugar, no penséis que para escuchar música se debe estar sentado sin moverse y en silencio porque no es así. Si la música que escucháis os gusta, os entrarán ganas de cantarla y también de mover al compás las manos o los pies porque la música y la danza son como dos hermanas gemelas que no se separan casi nunca.

En segundo lugar, la música hay que escucharla muchas veces. De hecho, si una música os gusta, cada vez que la escuchéis os gustará aún más. Si, por el contrario, no os gusta, cuando la volváis a escuchar, os parecerá un poco menos fea.

¿Por qué es así? No lo sé. Está comprobado que, aunque con las palabras las repeticiones a menudo nos aburren (por ejemplo, cuando los mayores nos repiten mil veces los mismos consejos), con la música no. Por eso, los compositores, en una pieza, nos hacen escuchar varias veces la misma melodía o, en ocasiones, incluso toman prestadas melodías muy conocidas porque saben que a las personas les gusta reconocer la música que ya han escuchado.

Pero ¡un segundo! Antes de que los adultos se enfaden conmigo, dejemos clara una cosa. La primera regla que os he contado no funciona cuando se va a un concierto porque los músicos no están ahí para tocar solo para vosotros, sino para un grupo de personas. Y os aseguro que, si cada uno hiciese lo que la música le inspira en ese momento, nadie conseguiría escuchar nada.

Por eso se ha inventado el siguiente método: el público está sentado y tranquilo, como si no estuviera, y así nadie molesta al resto. No obstante, cuando escuchéis música en vuestra casa, por suerte no estaréis obligados a mostraros tan obedientes. Lo importante es que lo que hagáis no os impida escuchar la música, sino que, al contrario, os ayude a escucharla mejor.

¡Ahora basta de consejos! Pensemos mejor en alejarnos a toda velocidad porque el Imperio romano, sobre el que estábamos cómodamente sentados, está comenzando a caerse a trozos y no querría… ¡en fin, que alguno se hiciera daño!

Al compás de las damas y los caballeros

«Cómo? ¿El Imperio romano, con lo grande que era?». Así es. Igual que los romanos en su momento partieron a dominar todo el mundo, ahora era el turno de otros pueblos, aptos para la guerra, que llegaron del norte y del este de Europa y que conquistaron pedazo a pedazo el Imperio romano. De estos fragmentos, nacieron imperios menores y muchos reinos aún más pequeños, que siempre estaban enfrentados los unos con los otros.

Las personas abandonaron las ciudades, demasiado difíciles de defender en caso de guerra, y se dispersaron por el campo, donde comenzaron a construir castillos, es decir, lugares rodeados por sólidas murallas y defendidos por soldados, donde la gente podía encontrar refugio.

Era la época de los caballeros, guerreros valientes que, vestidos con armaduras de metal, iban a caballo para combatir por su señor. También fue el momento de las damas, quienes los esperaban en los castillos donde volvían para descansar tras el agotamiento de la guerra.

A estos lugares aislados llegaban de vez en cuando artistas ambulantes que a menudo se encontraban en las ferias y mercados importantes y representaban sus espectáculos. Sabían hacer un poco de todo: eran bufones, acróbatas, malabaristas y músicos. A estos artistas se les conocía sobre todo como *juglares*, que contaban, mitad hablando, mitad cantando acompañados de instrumentos, largas historias sobre batallas y amores, historias que gustaban mucho a las personas de aquella época.

Quizás fue de estos extraños personajes de los que algunos de los caballeros, que habitaban los castillos durante el período de descanso, aprendieron el arte de cantar y componer canciones. Estas personas, mezcla de músicos, poetas y caballeros, se llamaban *trovadores*.

Los trovadores componían poemas que hablaban de amor y les añadían música. Después, los cantaban acompañándose de un instrumento. No sabemos con exactitud cómo se ejecutaban estas canciones. De hecho, esta música solo se escribía en parte. Por suerte, mucho tiempo después, los expertos en este tipo de música han conseguido reconstruirla a través de los documentos que nos han llegado y han tratado de interpretarla. Gracias a ellos, podemos escuchar cómo era la música que se tocaba en las salas de los castillos para complacer a las damas y a los valientes caballeros.

La música a capas

Bien, ahora hemos llegado a un tema que me gusta mucho. ¿Conocéis ese postre que se llama «tiramisú»? No, no, no estoy loco. ¡Escuchadme y veréis!

Si alguna vez habéis ayudado a mamá a prepararlo, sabréis cómo se hace el tiramisú: primero se pone una capa de galletas empapadas, luego otra capa de crema, una más de galletas y así hasta que se acaben los ingredientes. Si no os gustan los dulces, podemos pensar también en una lasaña al horno, que funciona de la misma manera: una capa de pasta, otra de bechamel, una de boloñesa, otra de queso y vuelta a empezar…

Estos ejemplos de glotón me sirven para haceros entender cómo funcionaba la música de esta época. ¿Recordáis que habíamos dicho que los mejores cantantes habían descubierto que se podían cantar dos melodías distintas *a la vez* y que el resultado era precioso? Esto gustó tanto que los músicos se dedicaron a ello y se volvieron cada vez mejores a la hora de inventar melodías que sonaran bien al cantarlas juntas. Ya no eran solo dos a la vez, sino también tres o cuatro. Como nuestro postre a capas, ¡una capa de música sobre otra! Pero, como ocurre cuando comemos ese dulce, que ya no diferenciamos las galletas de la crema porque es «un todo» delicioso, así era esta música, voces distintas encajadas unas con otras a la perfección hasta crear un efecto extraordinario al escucharlas.

Es evidente que no es fácil combinar dos melodías y, a medida que aumentan las capas, mayor es la dificultad. Este arte tan difícil se llama *contrapunto*, que quiere decir «punto contra punto» o «nota contra nota».

Los compositores seguían las reglas que habían descubierto, es decir, que algunas de las notas sonaban bien al cantarlas juntas y otras no. En resumen, era un poco como hacer un crucigrama o juntar dos piezas de un *puzle* muy complicado.

Aun así, había músicos en Europa del norte, donde ahora se encuentran Holanda y Bélgica, que se volvieron tan buenos a la hora de participar en ese juego que consiguieron juntar, unas sobre otras, muchísimas melodías.

¿Sabéis cómo se hacía? Una voz debía cantar una melodía ya conocida, a menudo el fragmento de un cántico de iglesia o un canto como el de los trovadores, y, debajo y encima de ella, introducían muchas capas de voces diferentes. Por eso a este tipo de música se le llama *polifonía*, que significa «muchas voces».

Pero lo mejor es que estos músicos eran muy habilidosos al hacer que las melodías de distintas voces se imitaran entre sí: primero una voz cantaba una melodía, luego otra la repetía mientras la primera hacía otra cosa... Podía repetirla igual o variándola. Dichos músicos conocían un montón de trucos, por ejemplo, la melodía podía repetirse como si se leyera al revés, es decir, partían del final y llegaban al principio, o mantenían el ritmo igual, pero cambiaban las notas... O usaban ese método tan simple que también usáis vosotros cuando cantáis *Campanero* a dos voces, esto es, primero empieza a cantar uno y, poco después, comienza el otro. A esto se le llama *canon*.

Sin embargo, ¡atención! Cuando la escuchéis, esta música os parecerá extraña, ya que es muy distinta a la música que estáis acostumbrados a escuchar y tocar y, en pocos capítulos, entenderéis por qué. Por eso no penséis enseguida: «No me gusta». Pensad... mejor no penséis nada, solo abrid los oídos y dejad que la música entre.

¡Qué bonito es recitar cantando!

¡Recordáis cuando hablamos de los antiguos griegos y romanos y de sus preciosas fábulas? Bueno, debéis saber que, por el contrario, los primeros cristianos quisieron hacer limpieza de todos los dioses «falsos y engañosos» que adoraban sus antepasados y de sus fábulas que, según ellos, hacían que las personas creyeran cosas equivocadas y tonterías.

Así, con el paso del tiempo, esas fábulas se olvidaron, aunque no del todo, los templos antiguos se convirtieron en ruinas y las bellas estatuas se cubrieron poco a poco de tierra.

Habían pasado muchos años y casi se había perdido el recuerdo de esas épocas lejanas. Casi, pero no del todo. De este modo, un buen día, quizás al leer un libro antiguo que había sobrevivido al paso del tiempo, alguien comenzó a pensar: «¡Qué tontos hemos sido al creer que, por ser cristianos, debíamos rechazar todo lo que se hizo antes! Es cierto que los pueblos antiguos eran mucho mejores que nosotros y que nunca podremos ser como ellos. Sin embargo, podemos tratar de imitarlos y hacer lo mismo que hacían».

Esos pensamientos dieron como resultado que estos hombres comenzaran a sentirse más parecidos a aquellos ancestros que tanto admiraban que a sus propios padres o abuelos. Se consideraban los sucesores de aquella civilización griega y romana y todo el tiempo que había transcurrido en medio les parecía un paréntesis.

(¿Sabéis qué es un paréntesis en un discurso? Una cosa que funciona por sí sola, que no forma parte del discurso y que podría también eliminarse… como esto.)

Por eso, a dicha etapa se le puso el nombre de *Medievo*, que quiere decir «período que está en medio», en medio, es decir, entre la civilización grecorromana y su época, en la que la civilización estaba renaciendo, de ahí que se llame… ¡*Renacimiento*!

En cuanto a la música, sin embargo, no resultaba nada fácil imitar a los griegos y a los romanos porque nadie sabía cómo era en realidad. No obstante, sí sabían una cosa sin duda alguna: a los griegos les encantaba un tipo de espectáculo teatral en el que se recitaba y cantaba. En estos espectáculos, que se llamaban *tragedias*, la música, la poesía y la «puesta en escena» eran igual de importantes.

De este modo, algunos músicos y poetas de Florencia, que eran amigos y se reunían a veces para hablar de música y arte, decidieron intentar crear un espectáculo que fuese similar en todo a la tragedia de los antiguos griegos.

Quizás para la poesía no fuera demasiado difícil, pero para la música se debían inventar algo nuevo. ¡No podían usar siquiera la polifonía! Era evidente que los personajes debían cantar de uno en uno y las palabras cantadas debían entenderse bien.

Después de varios experimentos, al final los músicos florentinos consiguieron inventar algo muy especial. El nuevo espectáculo se llamó *melodrama*, una palabra que deriva de dos términos griegos (obvio), que significan «música» (*melos*) y «acción teatral» (*drama*). El primero en ser representado trataba justamente sobre la fábula de Orfeo y Eurídice que ya conocemos.

Quién sabe si a los antiguos griegos, a los que tanto admiraban, este espectáculo les habría gustado de verdad… Seguro que sí, a sus contemporáneos les encantó y el melodrama pronto se convirtió en uno de los espectáculos más apreciados por el público.

(Y menos mal que fue así porque, de lo contrario, mi papá Mozart no habría podido escribir *La flauta mágica* y yo no podría estar aquí con vosotros…)

Los músicos inventan un Juego nuevo

¡Ay, madre mía! ¡Se me ha olvidado! ¡Se me ha olvidado mirar el reloj! No, no un reloj como el que tenéis vosotros... A mí me han dado uno especial, ¡el reloj de la historia! ¡Cuántas veces me han aconsejado que lo comprobase! Porque el reloj de la historia nos dice en qué siglo nos encontramos.

Veamos... Mientras hablábamos de la invención de «recitar cantando», la manecilla debe haberse movido y ahora señala al número diecisiete. Entonces, ¡ahora estamos en el siglo XVII! Han cambiado muchas cosas: los reyes con sus reinos, las casas, los vestidos... También la música se ha modificado. No nos hemos dado cuenta, igual que no hemos percibido el lento desplazamiento de la aguja del reloj, pero, si comparamos la música del siglo XVI y la del XVII, notamos enseguida la diferencia. ¿Dónde han acabado esas preciosas canciones a capas que nos recordaban a tantas comidas deliciosas?

Parece que la música ya no se compone de capas su-perpuestas, sino de torres colocadas unas junto a otras. Se parece un poco al juego con el que se divierten los niños pequeños, en el que ponen cubos de colores uno sobre otro. Pensad que escribimos sobre las caras de los cubos el nombre de las siete notas y, después, jugamos a hacer torres con ellos. Ahora probad a tocar con el piano las notas que componen una de estas torres, todas juntas. ¡Probad! ¡Probad un poco! ¿Qué efecto produce? A veces es bonito, ¿verdad? Sin embargo, otras... ¡es feo!

Pues bien, los músicos antiguos, de tanto componer música a capas, han aprendido a hacer lo mismo que cuando se completan los crucigramas: a leer la música no solo en *horizontal,* sino también en *verti-cal.* Así sabían qué torres resultaban bo-nitas, por qué las usaban, y cuáles, sin embargo, había que evitar. También sabían que algunas torres sonaban bien al tocarse antes o después de otras.

En resumen, comenzaron a es-tablecer las reglas de un juego difícil pero apasionante.

En dicho juego, las torres de los sonidos tomaban el nombre de *acordes* porque debían buscar las combinaciones de las notas que «se pusieran de acuerdo» entre sí. Sin embargo, para que la música sea bonita, debe ser también un poco variada, ¿no? Si las notas siempre están en perfecta armonía, después de un tiempo, ¡es un rollo!

Por eso una de las reglas del juego es esta: dejemos que las notas se peleen un poco de vez en cuando y que algún acorde suene un poco feo o, como se dice, *disonante* antes de que, rápido, reine la paz y la lucha se resuelva con un acorde en perfecta armonía. Así, el nombre de este nuevo juego que sirve para crear música es el *juego de la armonía*.

Las melodías elaboradas con este sistema son muy distintas a las compuestas solo con las reglas del contrapunto. De hecho, mientras que en la «música a capas» las melodías parecían fluir persiguiéndose e imitándose las unas a las otras como si nunca hubiera un final, la música que sigue las reglas de la armonía se parece más a un discurso, con un principio y un final, con pausas y paréntesis entre medias.

Pero lo mejor es que este discurso está hecho con un lenguaje que, aunque no hayáis estudiado música, conseguiréis comprender muy bien.

De hecho, cuando una pieza termina, el músico no se pone en pie y dice: «¡Fin!» porque ya os habréis dado cuenta vosotros mismos. Al final de una pieza, se usan acordes que dan la sensación de conclusión y de descanso. Porque cada acorde tiene su propio carácter y debe utilizarse en el momento justo.

Así, si un músico travieso cambiara los acordes de la música que debe tocar, mezclando unos con otros para gastarnos una broma, os daríais cuenta enseguida y diríais: «¿Qué música es esta? ¡No se entiende nada!».

Por eso, quizás la «música a capas» os pareciera un poco extraña, porque estáis acostumbrados al lenguaje de la armonía. Sin embargo, debéis saber que, antes de que el juego de la armonía se inventase y después de que se abandonase a los pocos siglos, los músicos han compuesto música y, por eso, la armonía es un método, entre otros, de crearla.

Bueno, volviendo a lo nuestro, esto de la armonía es un asunto muy importante. ¡Y no es lo único relevante que le ocurre a la música en este período! Porque en este bendito siglo XVII, ocurre de todo y también sucede que…

Los instrumentos comienzan a tocar solos

Sí, solos. «¡Anda ya!», diréis. «¡Sería mágico y bonito si los instrumentos se tocasen solos!».

¡Menuda magia! Solo quería deciros que antes los instrumentos solo se utilizaban para acompañar las voces, pero ahora comienzan a tocarse piezas de música escritas solo para ellos. La aguja de los siglos sigue señalando el número diecisiete, momento en el que un músico, cuyo nombre no recuerdo, escribe la primera pieza *solo* para instrumentos y la titula *Sonata pian e forte*.

Sin embargo, debéis saber que, en la historia de la música, las cosas suceden como en la vida misma: una buena mañana os dais cuenta de que os quedan pequeños los zapatos, pero el pie no ha crecido solo en una noche. Se ha hecho más grande día tras día sin que os hayáis percatado y, después, un día decís: «¡Ya no me entran estos zapatos!». Entonces, necesitáis ir a comprar zapatos nuevos. Lo mismo ocurre con la música, las cosas cambian lentamente.

¿Quién sabe? Quizás un día de invierno en el coro de una iglesia había poca gente porque algunos cantantes estaban en cama con gripe. ¡Vaya! ¿Qué podían hacer para tener todas las capas necesarias para la música?

A lo mejor se le pidió al organista que tocara las partes que faltaban con el órgano que ya acompañaba al cántico. Era una solución de urgencia, pero quizás el resultado fue tan bueno que lo repitieron varias veces y, al final, se convirtió en una costumbre. Luego, es probable que algún organista

se volviese más valiente tras ese suceso y probara entonces a tocar todas las voces de una pieza con el instrumento. ¡Y se daría cuenta de que sí, era posible!

Entonces, día tras día, los instrumentos se volvieron cada vez más independientes. Por cierto, además del órgano, ¿sabéis de qué instrumentos estamos hablando? Muchos eran los mismos que hay ahora, como el violín, el violonchelo o la flauta. No obstante, claro está, no eran exactamente iguales a los que tocáis hoy en día, puesto que, con el paso de los años, se han ido perfeccionando. Sin embargo, otros eran instrumentos que apenas conocemos porque, tras haber estado de moda en aquella época, poco a poco se han visto sustituidos por otros que gustaban más. Entre estos instrumentos estaba el *laúd*, antepasado de la guitarra, y el *clavecín* y el *clavicordio*, abuelos del piano.

Al final, al ver que los instrumentos eran una bonita elección, en cierto momento, algún músico se preguntaría: «¿Y por qué no componer música solo para ellos?». El pie había crecido, es decir (perdonad), la música había cambiado y necesitaban darle una forma nueva. Sin embargo, justo ese era el problema: «¿Qué forma darle a esa música?».

Una forma para los sonidos

Porque también la música, igual que el resto de las cosas, debe tener forma, ¿no?

Sé lo que vais a decir: «¡Pero la forma es una cosa que se puede ver con los ojos y tocar con las manos! Por el contrario, la música solo se puede escuchar». Es cierto. Sin embargo, la de la música es un tipo de forma especial.

Si dibujáis alguna silueta sobre un folio, por ejemplo, la de un perro, movéis el lápiz de derecha a izquierda, de arriba abajo y viceversa. Así, hacéis dibujos en el espacio del folio. Si, por otra parte, cantáis una melodía, le dais voz a una nota tras otra, por lo que ponéis una nota tras otra en el tiempo. Entonces, se puede decir que la forma de la música no está en el espacio, sino en el tiempo, ¿no?

«¡Qué difícil!» No, ni mucho menos. ¡Si lo entiendo incluso yo! Papá Mozart me ha convertido en un gran sabelotodo… Pensadlo así: muchas canciones que conocéis están compuestas por distintas estrofas y un estribillo. Todas las estrofas tienen la misma melodía, pero las palabras cambian, excepto el estribillo, que es siempre igual, tanto por las palabras como por la música. Se canta el estribillo, luego una estrofa, después el estribillo de nuevo, después otra estrofa, etc. Este, por ejemplo, es un modo de darle forma a la música.

Pero volvamos a nuestro siglo XVII. Los músicos ya habían inventado, durante estos años, muchas formas distintas, aunque todas estaban pensadas para la música cantada, para una música que seguía un texto con palabras.

No obstante, desde hacía tiempo, había ocasiones en las que se tocaban los instrumentos por sí solos, como durante las fiestas para hacer bailar a las personas. Esta música para baile gustaba tanto que comenzaron a tocarla así, sin que nadie bailara, solo por el placer de escucharla. Entonces, los compositores empezaron a escribir piezas para danza solo para escucharlas, música que tenía la misma forma que la del baile, pero que no estaba hecha para ser bailada.

Las primeras piezas escritas solo para instrumentos fueron compuestas entonces para acompañar a unos bailes de nombres extraños que quizás no conozcáis, como *minué, gavota, zarabanda…*

Y, como las cerezas que, según se dice, tiran unas de otras, también los bailes se hacían en grupos, conjuntos de danzas que se tocaban una detrás de otra. De hecho, si queremos ser muy muy precisos, cada grupo se llamaba *suite*, una palabra francesa que significa convenientemente «serie».

Sin embargo, después se empezaron a escribir también piezas solo para instrumentos que imitaban un poco a la música escrita para voces que se hacía con muchas capas de voces que se copiaban entre sí. Pero, como era música para tocar, en lugar de para cantar, estas piezas tomaron el nombre de *sonatas*.

En resumen, los músicos hicieron varios experimentos porque la música solo para instrumentos era novedosa y debían aún aprender a hacerla bien. Entre los distintos tipos de formas que probaron a darle a su música, hubo una que les pareció muy bonita: una especie de juego en equipo en el que los instrumentos se dividían en dos grupos, uno más grande y otro más pequeño. Estos dos equipos debían tocar a veces uno y a veces otro, luego todos... un poco imitándose entre sí y un poco, no. A este tipo de forma se le llamó *concierto*.

Al principio, como hemos dicho, el concierto funcionaba de esta manera, con dos equipos. Sin embargo, luego, comenzó a hacerse «todos contra uno» y ese uno tocaba solo. Por eso se llamaba *solista*.

Se podía hacer con un equipo compuesto por completo de instrumentos de cuerda, como el violín, la viola y el violonchelo, y un solista que era un instrumento de viento, como la flauta o el oboe. También podían ser todos de cuerda contra un violín o un violonchelo solos o contra dos violines… En resumen, se podían hacer muchas combinaciones distintas.

Deberíais conocer a mi amigo Antonio, Antonio Vivaldi. Sí, porque en conciertos es un verdadero especialista. Ha escrito para violín, violonchelo, flauta, oboe, fagot e incluso para flautín.

¿Sabéis por qué? Porque era maestro de música, enseñaba música a las niñas de un orfanato de su ciudad, Venecia. Dichas niñas, que, claro está, tocaban muy bien, todos los domingos y días de fiesta hacían conciertos en los que, por turnos, se exhibían como solistas, cada una con su instrumento.

No estaba nada mal como orfanato, ¿verdad? ¿Os imagináis lo que debía sentir la gente cuando pasaba por delante? ¿Cuántas notas saldrían de aquellas ventanas?

Pero ya que estamos imaginando…

Me gustaría, si no os importa, que imaginarais otra cosa. Mirad… pensad en una sala oscura, de noche, alumbrada solo por la luz de una vela sobre una mesa… y, bajo esa luz, un hombre que escribe música con lentitud, con precisión, sobre el papel. Está pasando a limpio la partitura de un concierto, sí, justo un concierto de Vivaldi. Y el hombre es…

Conocemos a un personaje importante

Nuestra historia comenzó hace ya bastantes capítulos y habéis visto que he mantenido mi promesa: no he intentado llenaros la cabeza de nombres y fechas.

Sin embargo, ahora me gustaría presentaros a un señor bastante importante. Este señor, que está escribiendo a la luz de la vela, se llama Johann Sebastian Bach y quizás algunos de vosotros lo conozcáis de oídas.

Bach formaba parte de una familia de músicos, ¿sabéis? Fueron su padre y su hermano mayor los que le enseñaron música, igual que él después, a su vez, se la enseñó a sus hijos. Qué extraño, ¿verdad? ¡Una familia completa de músicos! Pero, en aquellos tiempos, era normal que los hijos continuasen ejerciendo el oficio del padre y ser músico era una profesión como otra cualquiera.

De este modo, debéis saber que Bach nació en ese país que hoy llamamos Alemania, pero que en su época estaba dividido en pequeños reinos, cada uno de los cuales tenía su propio *señor*, que era como un rey y tenía casas, castillos, sirvientes y, a menudo, una orquesta solo para él, con músicos que tocaban y componían música según sus gustos. Si al señor le gustaba la música, trataba de contratar a los mejores músicos, como hacen hoy en día los equipos de fútbol con los campeones, y les pagaba muy bien. Por el contrario, si la música no le gustaba tanto, resoplaba un poco cuando tenía que sacar el dinero para pagar a sus músicos y quizás no los tratara tan bien. Sin embargo, seguía teniendo orquesta porque era algo deseable en una *corte* y, si no fuera así, quedaría mal delante de los otros señores.

Por eso, los artistas de aquella época intentaban que estos señores ricos los contrataran como instrumentistas, directores de orquesta o compositores. Otro lugar en el que podían trabajar eran las catedrales, las grandes iglesias en las que, además del coro, había una orquesta para tocar música durante las misas más importantes.

Bach, durante su larga vida, probó los dos tipos de trabajo y así escribió muchísima música de todos los géneros: para órgano cuando era organista de la corte, para orquesta cuando era director de orquesta, de iglesia en el período en el que trabajaba para una catedral y muchas otras melodías para las ocasiones más variopintas.

Después, aparte de escribir música para los distintos «señores», componía también para su familia, para enseñarles música a su mujer e hijos. Debía ser muy bueno como profesor porque al menos dos de sus hijos se convirtieron en músicos muy famosos en su época, incluso más que él.

Sé lo que me vais a preguntar: «¿Cómo es posible que nosotros ahora, cuando decimos "Bach", sepamos que es Bach padre y lo consideremos más importante que sus hijos, quienes, mientras estaban vivos, fueron más famosos que él?».

Bueno, ¿sabéis? Con la música sucede un poco como con los libros, las películas y muchas cosas más. Algunas piezas han tenido un éxito inmediato, pero, después, con el paso del tiempo, cada vez gustan menos mientras que otras siguen tocándose, escuchándose e imprimiéndose durante más y más siglos porque (¡atención que este es un asunto un poco difícil de entender!) no gustan solo a los hombres de ese lugar y esa época en concreto, sino que tienen algo que sigue gustando incluso a los hombres que han vivido y viven en períodos y lugares muy lejanos.

«¿Qué es ese "algo"?». ¡Ah, es difícil de comprender!

¿Queréis que lo intentemos? Quizás podamos probar a observar cómo se hacía la música de Bach y, a lo mejor, tras entender cómo se compuso, comprenderemos por qué nos sigue pareciendo tan bonita…

Bien, antes de nada, podemos decir que, si la música de Bach ha durado tanto tiempo, es porque se parece a la casa del cerdito sabio del cuento: está construida muy bien. De hecho, Bach era muy bueno, es más, buenísimo con aquellos juegos a los que hemos llamado armonía y contrapunto. Era tan bueno que, al escuchar su música, a veces daba la impresión de estar viendo… ¿os acordáis de esas construcciones hechas con imanes como el Geomag? Me refiero a esas grandes que se encuentran en los escaparates de las tiendas y en las imágenes de los catálogos… esas en las que decenas y decenas de barritas y bolas encajan a la perfección las unas con las otras.

Sin embargo, no penséis que Bach era una especie de ingeniero, encerrado en cálculos y razonamientos… No, no, Bach era un artista, uno extraordinario que parecía transformar en música todo lo que tocaba, como el rey de la leyenda (¿la recordáis?) que lo convertía todo en oro.

Por ejemplo, un príncipe le canturreaba una melodía que se había inventado en un determinado momento y él creaba música sobre ella y se la enviaba como regalo. O podía ocurrir que decidiese escribir una serie de piezas, una para cada escala musical de las veinticuatro que hay hasta conseguir una obra maestra. También podía venirle a la mente (¿por qué no?) la idea de componer música para uno de los instrumentos que, en aquella época, se tocaba solo como acompañamiento, el violonchelo, para acabar haciendo las *Seis suites para violonchelo solo*… En resumen, Bach sabía encontrar para cada cosa el lenguaje adecuado.

Pero hay un último tema que me gustaría contaros sobre Bach: su música, además de estar bien compuesta y ser variada, toca en lo más hondo el corazón del público. Para darse cuenta, basta con escuchar alguno de los preciosos fragmentos que ha escrito para la iglesia…

En el reino de los cantantes

¡Ah, me siento emocionado! Siempre me ocurre cuando hablo de Bach.

Pero ahora debemos cambiar de tema y hablar de una cosa que Bach no soñó hacer en su vida y que seguramente no hubiera aprobado de ninguna manera.

¿Recordáis cuando hablamos de esos músicos florentinos que, para imitar la tragedia de los antiguos griegos, se inventaron el melodrama? ¿Y qué era dicho melodrama? Se trataba de una fábula recitada en el teatro en la que los actores eran cantantes y, por lo tanto, recitaban cantando, acompañados de una orquesta. Esta idea tuvo gran éxito.

Al principio, estos espectáculos se representaban solo en los teatros que se encontraban en los palacios de personas muy importantes. Pero, después, con el paso del tiempo, se crearon también teatros públicos, en los que cualquiera podía asistir al espectáculo, siempre y cuando, claro está, pagase una entrada, igual que hacéis vosotros.

De esta manera, un montón de personas, gente que no habría tenido posibilidad de que se le invitara al palacio de un príncipe, comenzó a apasionarse por este tipo de espectáculos y a frecuentar los teatros públicos en los que los melodramas se representaban.

No obstante, debemos decir que también el tipo de actuaciones había cambiado respecto a los inicios. Según la idea de sus creadores, en el melodrama la música debía servir solo para embellecer la historia que se representaba. Sin embargo, poco a poco, la situación dio un vuelco y la música tomó el mando.

Ahora parecía que la trama de estas fábulas ya no interesaba a nadie (¡eran todas iguales!). Por el contrario, lo que le gustaba al público y lo que se convirtió en el atractivo de los teatros era la habilidad de los cantantes, la dulzura y la belleza de sus voces y su capacidad de gorjear como los ruiseñores, embelleciendo las melodías con variaciones siempre novedosas. Así, la historia de la que trataba el espectáculo se recitaba y cantaba sin gran esfuerzo. El público se distraía, quizás comenzaba a parlotear y a comer, pero después, en cierto momento, la trama se detenía. Llegaba la hora de que el cantante entonara su *aria*, es decir, un fragmento de música en la que podía exhibir sus habilidades.

Tras llegar al final, repetía el aria de nuevo, aunque esta vez le añadía todas las variantes que su capacidad y gusto le sugerían y así conseguía un montón de aplausos.

Por eso, los músicos, cuando escribían melodramas o, como se dice hoy en día de forma más simple, *óperas*, debían estar muy atentos al componer para cada personaje piezas que les permitieran quedar muy bien.

Así, los cantantes se convirtieron en los reyes y las reinas de este mundo teatral y no solo porque justo eran reyes y reinas los personajes que se interpretaban en escena más a menudo, sino porque eran ellos los que mandaban sobre los directores de teatro e incluso sobre los compositores.

Si el aria era demasiado larga, se acortaba; si era demasiado corta, se alargaba; si el personaje no les gustaba, se cambiaba. En resumen, todo giraba en torno a ellos. Los mejores se convirtieron en auténticas y verdaderas *estrellas* e iban de gira por Europa para exhibirse en los teatros más importantes porque también fuera de Italia la gente se volvía loca por la *ópera italiana*.

Así, admirados por el público que les regalaba aplausos, codiciados por los directores de los teatros que los cubrían de dinero y temidos por los músicos que no se atrevían a enfadarlos, los cantantes eran como esos niños cuyos padres siempre les dicen que sí: caprichosos y ridículos. Todos deseosos de mandar en su pequeño reino, no se daban cuenta de que las personas más inteligentes se reían de sus pretensiones.

No se podía seguir así, por lo que finalmente un músico que se llamaba Gluck decidió buscar un remedio: se necesitaba hacer una *reforma* del teatro.

«¿Qué es una reforma?», os preguntaréis.

Bueno, yo creo que una reforma es una especie de ley, una ley que decide que las cosas que hasta un determinado momento se han hecho de cierta manera se deben, a partir de entonces, hacer de forma distinta.

Por supuesto, Gluck no podía hacer ninguna ley, puesto que no era ni un rey ni un ministro, pero decidió dar ejemplo componiendo melodramas con un nuevo método. Dicho método consistía en hacer que la música se adaptase a la historia, no al contrario, y a que fuesen los cantantes los que se adaptaran a la música, renunciando a cubrirla de todas las variaciones que solo servían para demostrar lo buenos que eran.

La música del melodrama debía ser, según Gluck, bonita e interesante de principio a fin, no solo en las arias. Esta me parece que fue una buena idea, ¿no?

«¿Cómo terminó?»

¡Genial! Las óperas de Gluck tuvieron mucho éxito y, dado que también los otros compositores aprendieron poco a poco a escribir obras como él, el melodrama cambió y la reforma cumplió su propósito.

¿Y nosotros? ¿Nosotros nos vemos en el próximo capítulo? ¡Por supuesto que no! Aún no hemos hablado de todo… ¡Claro que no! También había otro tipo de óperas en Italia, bastante diferente a la que os he descrito.

Si esta de la que os he hablado hasta ahora se llamaba *ópera seria* porque las tramas eran muy formales y los personajes, muy sobrios, el otro tipo de óperas se llamaba *ópera bufa* (*buffa* en italiano significa «graciosa») porque en ellas, por el contrario, se inventaban historias para hacer que la gente se riera.

Al principio, estas óperas se hicieron así, un poco a la ligera, pero la idea gustó también a los mejores músicos, por lo que las óperas bufas se volvieron tan bonitas como las serias y, a veces, incluso más.

Aquí los cantantes no se podían dar tanta importancia, nada de arias desde el principio ni de fragmentos habilidosos porque la historia se desarrollaba a toda velocidad y no se podía parar. Estas historias les interesaban a las personas tanto o quizás más que la propia música y los personajes no eran reyes ni reinas que parecían venir de la luna, sino personas comunes… con sus amores, intrigas y bromas.

Yo, por ejemplo, me vuelvo loco por una pequeña ópera que se titula *La criada patrona*, escrita por un músico que se llama Pergolesi.

Como dice el título, la ópera habla de una doncella («criada» es como se decía en aquella época, aunque hoy en día es una palabra malsonante) que exige ser ella la que mande sobre su patrón, tanto que al final a él no le queda otra opción que… ¡casarse con ella!

Una música a la moda

Y ahora, amable público, necesito vuestra colaboración. Me gustaría que cada uno de vosotros me enseñara un dibujo hecho por él… pero atención, ¡no debe ser un dibujo cualquiera! Debe ser uno que represente a un niño o una niña, a una mamá o un papá, o incluso a un hada o una maestra… En resumen, una figura humana.

Pongámoslos todos juntos y observemos, por ejemplo, las manos. Hay quien las hace redondas y quien las hace en forma de estrella, ¿lo veis?

¡Y ahora los ojos! Algunos los hacen en forma de semillas y otros dibujan la pupila y las pestañas.

Y, si mezclo todos ellos, todos los dibujos, ¿creéis que vuestra mamá o papá o vuestros amigos sabrían identificar el que habéis hecho vosotros? Yo creo que sí porque conocen vuestro estilo.

«¿Y qué es el estilo?». ¡Oh, vaya! El *estilo* es el conjunto de las características (el modo, por ejemplo, de dibujar pies o árboles o los colores que se prefieren usar…) que permiten decir que ese dibujo lo ha hecho un niño y no otro.

Además, incluso entre vuestros propios dibujos, se podrían distinguir diferentes etapas (los de cuando teníais tres años, nueve años, etc.) en función del estilo, que va cambiando.

También los músicos cuando escriben música tienen su estilo, ¿sabéis? Son distintos los unos de los otros y distintos en los diversos períodos de su vida. Y también ellos, como hacen los niños en la escuela, «se copian» un poco entre sí, tomando de los otros las cosas que más les gustan.

Por otra parte, el estilo no es solo una cosa que distingue a una persona de otra, sino también algo que cambia con el tiempo, un poco como la moda. De hecho, en un determinado momento, las personas tienden a vestirse todas con los mismos colores, a llevar sombreros de la misma manera, etc., porque ese es el estilo de la época. Hacerlo de forma distinta parecería extraño. Lo mismo ocurre en la música.

Cuando Bach era anciano, el estilo de la música estaba cambiando. Quizás lo dirían también sus hijos: «Papá es muy bueno, es verdad, pero su música es bastante complicada, con un estilo demasiado anticuado que a la gente ya no le gusta. Hoy en día, las personas quieren música más moderna, más fácil, con un estilo más elegante». O a lo mejor no lo decían porque le querían mucho, pero seguro que lo pensaban.

¡Pues claro! Porque los gustos de las personas habían cambiado, así como el método de hacer música. Ahora muchas no eran tan ricas como los príncipes para tener una orquesta en casa, pero podían comprar un *clavecín* y querían aprender a tocarlo. Estas personas nunca serían músicos profesionales, pero les encantaba la música y quizás conseguirían aprender a tocar lo bastante bien como para divertirse.

De la armonía y el contrapunto sabían poco. No eran capaces de tocar música muy complicada y quizás tampoco les gustaba. Querían música lo bastante simple para tocarla, pero agradable de escuchar y que produjera un efecto bonito. Sin embargo, sobre todo, querían melodías elegantes, modernas, en resumen… ¡a la moda! Y los primeros músicos dispuestos a contentarlos eran los hijos de Bach.

Esta música funcionaba de forma muy simple en comparación con la antigua, que se hacía con muchas capas de voces superpuestas.

En estas piezas, sobre todo en las escritas para clavecín, los músicos habían comenzado a utilizar un método nuevo: debían tocar con la mano derecha una melodía y, con la izquierda, las notas más bajas que servían de acompañamiento.

Así, las melodías eran bonitas y ligeras y se embellecían con trinos y escalas, igual que los vestidos que usaban en aquella época se decoraban con encaje, cintas y todas las cosas elegantes que, en aquel momento, les aportaban lo que se conocía como «galantería». Por eso, el nuevo estilo toma el nombre de *estilo galante*.

Y, si se habla del *estilo galante*, no se puede dejar de escuchar una sonata para clavecín de Domenico Scarlatti, que era, imaginaos, nada más y nada menos que... ¡el maestro de música de la reina de España!

Quietos todos...
¡esto es un
piano!

O, mejor dicho, este es un capítulo sobre el piano.

Me gustaría hablar sobre él ahora porque seguro que muchos de mis ilustres lectores (vosotros) tocan el piano, por lo que debéis saber que vuestro instrumento nació justo en este período.

Claro, había ya varios instrumentos con teclado, como el clavecín, que tanto gustaba a los músicos de moda (y, por supuesto, a la reina de España), pero el piano real y auténtico aún no existía.

¡Hasta que un señor italiano tuvo la idea de inventarlo!

Por supuesto, no lo inventó de la nada, sino que modificó un poco los instrumentos que ya existían: el clavecín, como hemos dicho, pero también otros como el *clavicordio* y el *virginal*.

¿Habéis probado alguna vez a levantar la tapa de un piano? Si lo hacéis, veréis en su interior una gran canti-

dad de cuerdas en tensión. Si probáis a tocar una tecla del piano, observaréis que un
martillo golpea las cuerdas y, luego,
se echa hacia atrás, es el que produce
el sonido.

Es justo esa la diferencia con el
clavecín, que en aspecto se asemeja tanto al piano.
De hecho, en el clavecín, no es un martillo el que golpea
las cuerdas, sino que las pellizca una especie de lengüeta
que se llama *plectro,* igual que la púa con la que se toca la
guitarra.

Por eso, el sonido que emiten es muy distinto: el del
clavecín es tintineante mientras que el del piano es más
pleno y… Bueno, en fin, tiene el sonido que todos conocemos.

Pero hay también otra diferencia muy relevante entre
los dos instrumentos: con el clavecín, sin importar la manera en la que se toque la tecla, el sonido es siempre igual
mientras que, con el piano, se puede tocar más o menos
fuerte, según la presión que se ejerza sobre la tecla.

De este modo, es fácil de entender por qué el piano
gustó tanto a los músicos y al público. Con la alternancia
del *forte* y del *piano,* la música puede expresar sentimientos, igual que, en un teatro, un actor expresa sensacio-

nes y emociones a través de los distintos tonos de voz: al gritar, susurrar o hablar normal. También vosotros, si lo pensáis, cuando estáis alegres, habláis fuerte y, cuando queréis contar un secreto, habláis muy muy bajito, en la oreja, hasta cuando no hay nadie que pueda espiaros.

Además, el piano, igual que el clavecín, es un instrumento con el que puedes hacer música en tu propia casa, incluso estando solo. Con el teclado, se pueden tocar obras escritas para una orquesta entera.

Cierto, no es lo mismo escuchar una pieza interpretada por una orquesta que escucharla tocada solo con un piano. Pero entended que, en una época en la que los discos y la radio no existían aún, poder tocar con el piano óperas y sinfonías sin tener que ir al teatro a escucharlas (sobre todo, si para ir se tenían que recorrer kilómetros y kilómetros a caballo, en carruaje… o a pie) aportaba gran comodidad.

Todas esas razones explican el enorme éxito que este instrumento ha tenido desde finales del siglo XVIII hasta nuestros días, en los que el piano está aún presente en muchas casas y hay tantos niños que aprenden a tocarlo.

Ahora que lo sabéis todo sobre el piano, me gustaría contaros una historia, la de un niño que, entre otras cosas, tocaba el piano.

La historia de un
niño
muy particular
(y su familia)

Esta historia quiero contarla bien, ¿sabéis? ¡Porque es la historia de mi papá! Sí, exacto, del músico que me inventó y creó con notas hace muchos años… Por eso, poneos cómodos y estad atentos.

Había una vez en Austria un músico que tocaba el violín y componía música al servicio de un gran señor.

Este músico tenía dos hijos, una niña y un niño, y, como se le daba tan bien enseñar, hizo que sus hijos estudiaran música desde pequeños, esforzándose al máximo, porque esperaba que, de mayores, se convirtieran también en músicos como él.

Los dos eran muy buenos, pero el chico, que se llamaba Wolfgang, no paraba de sorprender a sus padres por la velocidad con la que aprendía todo lo que le enseñaban y, a pesar de que todavía era pequeño, tocaba y componía como si fuese un adulto.

Pronto, los dos hermanitos comenzaron a actuar en conciertos y las personas que los escuchaban se sentían encantadas al ver a dos niños muy pequeños tocar tan bien. Se hicieron tan famosos que incluso los reyes y las reinas querían escucharlos y los invitaban a sus palacios. Así, la familia Mozart (ese era su apellido) comenzó a viajar por toda Europa, haciendo conciertos siempre con gran éxito.

Pero el papá, que además de buen músico era un hombre inteligente y sabio, comprendía que esta vida no duraría mucho, que sus hijos crecerían y que no podrían ser siempre niños músicos. Por eso, se preocupó de que ambos, en cada viaje, aprendieran todo lo posible (sobre todo Wolfgang, que era sin duda el mejor), conociendo a artistas y géneros musicales de otros países.

Así, a los once años, aparte de tocar el violín, el piano, el clavecín y el órgano, Wolfgang había ya compuesto música de todos los géneros: para orquesta, para pequeños grupos de instrumentos y, además, melodramas para teatro.

Parecía que, entre sus manos, todo se volvía bueno.

Imaginaos… Venga, imaginaos que, en la escuela, debéis dibujar, por ejemplo, una flor. Tenéis en mente cómo debe ser: la forma, el color… Pero, después, cuando cogéis el lápiz, las cosas se vuelven difíciles de repente, las líneas no quieren trazarse en el lugar correcto, la hoja no sale como la queríais dibujar… Ahora imaginad que miráis a vuestro compañero de pupitre y veis que él también ha dibujado una flor, es más, que la ha dibujado justo como queríais hacerla vosotros. Parecía tan difícil y, sin embargo…

Ahí está, eso era quizás lo que les ocurría a los músicos más ancianos cuando escuchaban la música del pequeño Mozart, debía parecerles exactamente la música que querían escribir. Tan bonita y simple…

Eh, simple, sí, pero para alcanzar esa simplicidad se deben saber muchas cosas. De ahí que papá Mozart hiciera que su hijo estudiara en serio. Quiso que fuera capaz de componer también con los métodos más difíciles y que estudiase a fondo el contrapunto que parecía estar pasado de moda desde hacía algunos años, pero que (y los mejores artistas lo sabían) era tan útil para componer bien.

Sin embargo, cuando escuchéis su música, os cautivará tanto su naturaleza que no os daréis cuenta del trabajo que debe haberle costado a su autor.

Como todos los niños, Mozart se convirtió rápidamente en un joven y, después, en un adulto, por lo que tuvo que enfrentarse a las dificultades de la vida. Y la vida para él no fue tan fácil como quizás su padre había esperado.

No obstante, a diferencia de muchos otros adultos, consiguió mantener dentro de sí parte del niño que había sido y, poco tiempo antes de morir, quiso componer un cuento, *La flauta mágica*…

… ¡y así nací yo!

Deberíais escucharla, ¿sí? Hay muchas versiones. También hay algunas hechas a propósito para los niños. Y la historia…

¡No, no! ¡Ahora no tengo tiempo de contárosla!

Solo os digo que… ¡No y mil veces no! Debemos pasar al siguiente capítulo porque están sucediendo un montón de cosas. Cosas importantes, ¿sabéis? No, no, ¡no exagero! Pensad un poco, está a punto de nacer…

Un mundo nuevo

¿Un mundo nuevo? ¡Claro que sí!

Lo que está sucediendo es *ni más ni menos* que ¡la Revolución francesa!

Si les pedís a vuestros papás y mamás que os expliquen qué es o, mejor dicho, qué ha sido la Revolución francesa, seguro que os responden que se trata de un tema muy difícil que estudiaréis en el colegio cuando seáis mayores. Sin embargo, aquí debemos hablar al menos un poquito de ella porque, si no, no seremos capaces de entender la continuación de nuestra historia.

Por eso, comenzamos así: érase una vez un país, Francia, donde había un rey que vivía en un espléndido palacio, con nobles, es decir, amigos y familiares suyos, que también vivían en castillos y mansiones fantásticas y que tenían muchos sirvientes y campesinos que trabajaban para ellos. Estos campesinos y sirvientes que trabajaban para los nobles y el rey eran tan pobres que apenas tenían pan para sobrevivir y, a veces, ni eso.

Entenderéis que esta situación no era muy justa y, por lo tanto, no podía durar para siempre. Por eso, un día, el rey decidió convocar una gran reunión con multitud de personas de todo tipo para buscar remedio a la enorme pobreza de sus súbditos. Sin embargo, habla que te habla y el remedio no encontraban, por lo que, al final, el rey se cansó y decidió enviar a todos a sus casas para continuar como antes.

Pero las personas que se habían congregado en la reunión habían entendido que el cambio debía producirse ya, ¡sin duda! De este modo, pensaron que, aunque el rey ya no quería, ellos debían juntarse para hablar. Al final, como el rey se oponía, decidieron quitarlo de en medio, a él y a todos los nobles, amigos y familiares, que lo defendían.

«¿Pero el malo era el rey o aquel modo de vida?».

Tras mucho hablar y pensar, las personas comprendieron que era el modo de vida el que estaba mal y que daba igual un rey u otro, pues ninguno habría marcado la diferencia. Si ese sistema había continuado así durante tanto tiempo era porque se le había hecho creer a la gente que el mundo debía funcionar de esa manera sin alternativa y que no podía ser distinto. Sin embargo, eso no era cierto.

Así, estas personas decidieron que debían seguir reuniéndose un día tras otro hasta que encontraran otro sistema para vivir juntos de una manera más justa. No obstante, ya habían comprendido la idea fundamental sobre la que construir su nuevo mundo: *todos los hombres nacen libres e iguales.*

A vosotros os parecerá una cosa obvia, pero, en aquellos tiempos, no lo era para nada, es más, era un cambio tan grande que se mereció el nombre de *re-volución*, que quiere decir, de hecho, «cambio total». Pasó mucho tiempo y hubo muchas guerras antes de que todos aceptaran ese pensamiento, dentro y fuera de Francia, pero ahora la idea existía y no se podía volver atrás ni fingir que no era así.

En este momento, os estaréis preguntando: «¿Qué tiene que ver todo esto con la música?».

¡Pues mucho! Tampoco es que la Revolución francesa haya cambiado la manera de hacer música. Los hombres y mujeres que llevaron a cabo la Revolución tenían cosas mucho más urgentes en las que reflexionar. Sin embargo, cambió el modo en el que las personas pensaban sobre sí mismas y la vida. Puesto que los músicos son ante todo hombres y mujeres, tras la Revolución comenzaron a pensar en su profesión, la música, de una manera nueva. ¡Igual que ahora el mundo era nuevo porque había cambiado!

Los que trabajaban en la música tenían, en aquella época, una vida difícil: no eran nobles ni ricos, sino personas que habían estudiado mucho y que hacían cosas que pocos sabían hacer. Por eso, los príncipes y los nobles los buscaban y pagaban, aunque no siempre los trataban con respeto.

Pero, si es cierto que los hombres nacen iguales, lo que les hace diferentes son las distintas habilidades que poseen. Y, en cuanto a habilidades… bueno, muchos músicos se sentían superiores a aquellos nobles que se daban tantos aires de grandeza. De ahora en adelante, por lo tanto, dejaron de ser servidores de lujo en busca de un patrón para convertirse en artistas libres, orgullosos de sus habilidades que ninguna cantidad de dinero podía compensar.

El propio Mozart, como ya os he dicho, no había tenido una vida fácil porque no quiso hacer como su padre, que se pasó la vida al servicio del mismo señor y que no podía alejarse de la ciudad sin su permiso.

No, a él le gustaba vivir viajando, tocando en conciertos, escribiendo música que interpretaba él mismo u otros que se la pedían y componiendo óperas para los teatros de las grandes ciudades. Se había dado cuenta de que la vida de un músico no podía seguir siendo lo que era antes porque el mundo estaba cambiando rápidamente.

Y, para un mundo nuevo, se necesitaba…

Una música nueva

Antes de seguir con nuestra historia, quiero haceros una pregunta: ¿para qué sirve, según vosotros, el trabajo de un músico? ¿Cómo decís? ¿Para inventar música bonita que le guste tocar y escuchar a la gente?

Sí, claro, esa es, sin duda, una buena respuesta. Es probable que, por ese motivo, los primeros hombres se hayan puesto a soplar en los cuernos de los animales o a golpear un trozo de madera contra otro, porque les gustaba el rumor que emergía.

Pero también hay otras cosas para las que sirve la música y, si pudiéramos hacerle esa misma pregunta a los músicos de los que hablamos en las páginas de esta historia, seguro que obtendríamos contestaciones muy distintas a la nuestra.

Hemos visto que, para los antiguos griegos, la música era una especie de magia mientras que, para los primeros cristianos, era una manera de rezar. También hemos visto que el público llenaba los teatros para escuchar los gorjeos de sus cantantes preferidos y que, cuando se inventó el clavecín, muchas personas «normales» se lo compraron para tocar música para su familia…

¡Hay tantas maneras distintas de hacer música y de considerarla! Y la música es todas esas cosas, todas esas cosas juntas. Eso es lo bonito.

Es… ¡es como un castillo enorme! Sí, con muchísimas habitaciones, cada una diferente a las demás, en las que hay espacio para una enorme cantidad de cosas.

¿Por qué os digo ahora esto? Porque, en este momento, debemos prestar mucha atención. La aguja del reloj, el reloj de la historia, está a punto de pasar del número dieciocho al diecinueve y, mientras recorre ese camino, están cambiando muchas cosas.

La Revolución francesa fue como tirar una piedra al agua. Poco a poco, las ondas que había provocado comenzaban a alargarse y a tocar también países lejanos y a las personas que habitaban en ellos…

Lo cierto es que, no muy lejos de Francia, en Alemania, vivía en esta época un joven músico. Como tantos de sus compañeros, había aprendido música en casa y esta se había convertido muy pronto en su oficio. Sin embargo, él no se contentó con estudiar solo música, sino que frecuentaba la universidad, le gustaba leer e informarse de todas las nuevas ideas que lo rodeaban.

Pero estos libros que leía (de filosofía, poesía o historia) no eran solo un pasatiempo para cuando no tenía nada que hacer, ya que pensaba que conocer todas esas cosas hacía que fuera mejor. Y consideraba que también la música que él creaba podía convertir al resto en mejores personas porque, aunque no tenga palabras, puede «hablar» de cosas importantes.

Por eso, si le hubiéramos hecho la pregunta que nos hemos dirigido a nosotros («¿Para qué sirve la música?»), Beethoven, porque era así como se llamaba aquel joven, habría respondido de forma distinta. Nos habría dicho que el deber del músico no es el de divertir a las personas, que la música, como pensaban los griegos, es mágica y que ellos deben usar dicha magia para hacer que los demás sean mejores y más felices.

Pensaba que ser músico quería decir ser una persona especial, que puede hacer cosas que tocan de verdad el corazón del resto para que sientan emociones como las que se experimentan, por ejemplo, ante un paisaje de montaña y un cielo lleno de estrellas.

Sin embargo, el músico no podrá hacer nunca cosas tan bonitas mientras piense que la música es un objeto que se puede vender y comprar. De acuerdo, para él también la música era un trabajo, en el sentido de que, al ejercer como músico, ganaba dinero para vivir, pero era distinto a como lo hacían Bach o Mozart.

Cuando decidía escribir una pieza, Beethoven quería tener libertad para crearla como le gustaba y como *él* sentía que *debía* hacerla. Es igual que cuando hacéis un dibujo para mamá, papá o un amigo. Lo hacéis para ellos, se lo regaláis, pero lo habéis dibujado porque erais *vosotros* los que teníais ganas de hacerlo. Así componía Beethoven su música, con libertad, para conseguir un resultado bonito y bueno.

Por lo tanto, la música de Beethoven quería expresar muchas cosas. Pero ¿qué hacía para contarlas?

Bueno, a veces narraba historias.

«¿Historias?», pensaréis... ¡Claro! Historias de batallas entre el bien y el mal o de personas prisioneras que conseguían la libertad...

«Pero en las historias hay personajes», diréis. «Y a estos personajes les ocurren cosas. En la música, sin embargo, solo hay notas.»

Supongo que eso querrá decir que habrá personajes hechos de notas, ¿no? Porque las notas, como sabéis, forman las *melodías* y cada una de ellas tiene su carácter.

Imaginemos que hay dos en una pieza, una más alegre y dominante y otra dulce y tranquila, como ocurre en una obra muy famosa de Beethoven que se titula *Egmont*. Una melodía podría representar a Egmont, el héroe que lucha por liberar a su pueblo, y la otra, a Clara, la muchacha que lo ama.

El músico nos hace escuchar estas melodías varias veces para que aprendamos a reconocerlas. Sin embargo, después, las transforma, es decir, les hace vivir aventuras. Pero, al final, vuelven a convertirse en lo mismo que al principio, como para que los reconozcamos y nos aseguremos de que son ellos.

De esta manera, la música cuenta historias. Pero ¡atención! A cada uno le cuenta una historia distinta, es más, incluso a la misma persona, cada vez que la escucha, le cuenta una nueva historia. Por lo tanto, depende de nosotros y de nuestra fantasía elegir cada vez la que más nos gusta.

Sin embargo, la música de Beethoven no siempre es así. A veces, más que una historia, su música es como un poema, como alguien que mira algo bonito y lo dibuja con los colores de la música.

Para comprenderlo, deberíais escuchar el Adagio de una de sus sonatas para piano conocida como *Sonata claro de luna*. De hecho, una persona la escuchó una vez y esta música le trajo a la mente la luna que brilla de noche sobre las aguas de un claro, de ahí que ese nombre se haya conservado para siempre.

A vosotros quizás os recuerde a otra cosa. Si es así, ¡podríais llamarla de otro modo! ¿Por qué no?

En el
salón
del castillo

Dejemos a Beethoven con el piano en su habitación y salgamos a explorar un poco nuestro castillo de música.

¿También vosotros escucháis las voces y las risas? ¡Vienen de una sala del fondo! Acerquémonos… sí, vienen de aquí. Abriré un poco la puerta…

Es un salón… está lleno de señoras y señores elegantes. Las señoras llevan vestidos largos con faldas anchas y joyas espléndidas en el cuello y los brazos. Los señores van vestidos de oscuro.

Pero ¿qué está pasando ahora? Un hombre alto y delgado entra con un violín bajo el brazo.

Todos guardan silencio y él hace una reverencia.

La señora del fondo le está preguntando a su vecina quién es ese músico y ella le responde: «¡Es Paganini, el famoso violinista italiano! Está de paso en nuestra ciudad como parte de una serie de conciertos que da por toda Europa».

¡Mirad, mirad! La señora tiembla… es evidente que ya ha oído hablar de este músico que hace cosas increíbles con el violín. Se dice que es el mejor violinista de todos los tiempos, nadie antes que él lo ha tocado así. Y la música que se compone para su instrumento nunca le resulta lo bastante difícil. De este modo, escribe para sí mismo cosas que parecen imposibles de tocar para mostrar sus capacidades. Con estas exhibiciones, entusiasma al público y, como es obvio, gana un montón de dinero.

Pero la gente no se explica qué hace para ser tan bueno y ha comenzado a contar historias extrañas sobre él. Dicen que es una especie de mago y que ha sido el diablo, que es amigo suyo, el que le ha dado aquella habilidad prodigiosa para tocar. ¿Quién sabe si la señora elegante se cree o no estas historias? Sin embargo, nosotros, que sabemos que la magia solo existe en los libros, no nos las creemos y, por eso, sabemos que Paganini era así de bueno porque… ¡era bueno y punto!

Es cierto que su forma de tocar podía parecer una gran novedad, todo basado en las demostraciones de su capacidad para hacer las cosas más increíbles con el violín.

Si escucháis uno de los famosos *Caprichos* para violín solo, que son quizás sus obras más conocidas, lo entenderéis. Como podéis imaginar, los *Caprichos* se llaman así porque son piezas que parecen guiarse por el capricho del genial violinista que improvisa con el instrumento de manera brillante y audaz y luce su maestría frente a todas las dificultades de la técnica violinística... ¡Lo que le encantaba hacer a Paganini en sus exhibiciones!

No obstante, la novedad no siguió siéndolo durante mucho tiempo y pronto otros músicos trataron de imitarlo. Y no solo violinistas porque el instrumento más común y querido de aquellos tiempos no era, de hecho, el violín, sino el piano. Además, a los pianistas que lo habían escuchado, Paganini les había inculcado las ganas de demostrar lo que ellos eran capaces de hacer con su instrumento.

Por otra parte, las personas ricas y elegantes se deleitaban al tener a aquellos artistas como huéspedes en sus salones para animar las veladas musicales a las que invitaban a los amigos. De hecho, esta música era tan difícil de tocar como fácil de escuchar, música hecha para gustar a la gente, música simple. A menudo, estos músicos se limitaban a elegir melodías que todos conocían, quizás óperas teatrales que estaban de moda en aquel momento, y a tocar variándolas de muchas formas distintas, en una muestra increíble de sus habilidades.

Por eso, sabed que la música de este género se llamaba *música de salón*, aunque, a decir verdad, no solo se tocaba en los salones, sino también en las salas de conciertos a las que la gente acudía tras pagar la entrada para escuchar a estos *virtuosos* (ese era el nombre que recibían los músicos excelentes), así como iban a teatros a escuchar a sus cantantes favoritos.

A excepción de la música de Paganini, cruz y delicia de todos los violinistas, muchas de estas piezas se han olvidado con el tiempo y hoy en día ya nadie las toca.

Sin embargo, han tenido su importancia, ¿sabéis? Porque, como se suele decir, «una cosa lleva a otra» y, de las nuevas posibilidades que este método de tocar había abierto a los instrumentistas, nació música muy relevante que los grandes artistas han ofrecido al mundo.

Chicos, está a punto de empezar el período de oro de la música: ¡el Romanticismo!

Porque quien dice Romanticismo dice música y quien dice *música romántica* dice…

¡Por cierto, niños…!

Qué quiere decir romántico?

Bueno, ¿qué quiere decir *romántico*? ¿Lo sabéis?

Quizás ya habréis escuchado esta palabra o a lo mejor no. Pero, si ya la conocéis, es posible que no tengáis una idea precisa de su significado porque el adjetivo «romántico» es uno de esos términos que parecen cambiar de significado cada vez que se usan. Así, un vestido romántico es probable que esté lleno de encaje y cintas, una historia romántica será, sin duda, una bonita historia de amor y un paisaje romántico podría ser... bueno, por ejemplo, una puesta de sol sobre el mar...

¡Una bonita mezcla! Pero, si nos fijamos bien, hay algo común entre estos significados tan diversos en apariencia. *Romántico* parece ser algo que, de uno u otro modo, tiene que ver con los sentimientos. Los sentimientos son, como sabéis, el amor, el miedo, el odio, la alegría... es decir, cómo nos «sentimos» a causa de las cosas que suceden.

Todas las cosas que nos ocurren provocan en nosotros emociones, pero la mayor parte de las veces no nos damos cuenta. No obstante, en ocasiones, estos sentimientos son muy fuertes. ¡Ahí es cuando los percibimos!

Creo que ver un ocaso sobre el mar os produciría un sentimiento más fuerte que ver la entrada del supermercado, ¿no? Es la sensación de sentirse felices ante la belleza de la naturaleza. Así, una bonita historia de amor puede haceros llorar, es decir, experimentar un sentimiento de emoción.

«¿Y el vestido de encaje?».

Ese tema es un poco más complicado, pero se puede explicar. Se dice que es romántico porque es así como nos imaginamos que debían ir vestidas las heroínas a las que le suceden las bellas historias de amor que conocemos como románticas.

No obstante, «romántico» quiere decir muchas cosas más. Entonces, ¿por qué perder el tiempo tratando de entender el significado de una palabra tan difícil? Pues porque, como ya hemos dicho, ahora (que ha comenzado el siglo XIX y me complace informaros de que vamos genial de tiempo) está empezando en Europa el período llamado *Romanticismo*. Es en esta época cuando se inventa la palabra «romántico» para indicar una manera nueva y distinta de pensar en la vida, el mundo y el arte.

Sin embargo, no debéis pensar que los artistas románticos se pasaban todo el día pintando ocasos o escribiendo historias de amor. No, no, en realidad la situación es más complicada.

Para hacerla más simple, os diré que, en ese momento, muchas personas (bueno, no eran unas personas cualesquiera, sino las que se hacen un montón de preguntas y escriben libros para encontrar respuestas) comenzaron a pensar que el mundo y la vida no son tan simples como creían los hombres que existieron antes que ellos, sino que, al considerarlos bien, el mundo y la vida de la humanidad eran un bonito misterio.

Por eso, para comprender el mundo, no bastaba con razonar como se hace para resolver un problema de matemáticas, sino que se necesitaba utilizar también la imaginación y los sentimientos.

De este modo, una cosa que puede ayudarnos a comprender un poco este misterio de la vida es el arte porque utiliza la imaginación y las emociones. Y, entre todo el arte, está la música en particular.

¡Vaya! ¿Y por qué justo la música? ¿Porque los románticos pensaban que quizás la música era superior a las otras artes?

A lo mejor porque la música no representa las cosas, como la pintura o la escultura (al menos, como la pintura y la escultura de aquella época) y no debe expresar pensamientos como hace la poesía.

Si lo pensáis, la música no os pide razonar, sino que se pone en contacto directo con vuestro cuerpo y vuestro «corazón». Puede poneros de buen humor o haceros llorar sin saber siquiera el porqué.

«Pero, si la vida y el mundo son un misterio», pensaban los románticos, «también el arte debe ser un poco "misterioso"». De hecho, igual que a los artistas de la época de Mozart les encantaban el orden y la claridad, las formas bonitas y las construcciones ordenadas, las cosas, para que gustaran a los románticos, debían ser extrañas y especiales (¡qué sé yo…!): castillos en ruinas, árboles nudosos y retorcidos, iglesias antiguas con las fachadas llenas de monstruos extraños esculpidos en piedra…

Así, a los compositores románticos, el estilo de la época de Mozart les parecía un discurso que ya se sabía cómo iba a acabar, un juego en el que el orden de los movimientos es siempre igual.

Por el contrario, a ellos les gustaba servirse de nuevas armonías que llenaran el discurso de la música de muchas sorpresas y mezclaban la melodía y la armonía en «un todo» inseparable. Además, preferían usar formas inventadas por sí mismos para sentirse totalmente libres de continuar con su fantasía. Así, hacían de cada pieza de música algo único y distinto del resto.

De hecho, el músico romántico se involucraba por completo en la música que escribía porque sentía dentro de él algo que lo impulsaba a componer, lo que estos artistas llamaban *inspiración* porque pensaban que era un regalo de Dios, en lugar de una capacidad que se pudiera obtener estudiando.

Sin embargo, querían que el público también se involucrara al escuchar, dejándose atrapar por la belleza de la música.

La música de los románticos no quería divertir ni impresionar. Las piezas que escribían, a pesar de estar llenas a veces de fragmentos complejos, no estaban hechas para mostrar las habilidades de los intérpretes, sino para crear, a través de la música, un mundo de ensueño y poesía.

Quizás por eso a los artistas románticos les gustaba tanto componer *Lieder*. *Lied* es una palabra alemana que significa «canción». Por lo tanto, un *Lied* es normalmente un cántico para voz y piano basado en un poema. Pero ¡qué diferentes son a las arias de las óperas! Aquí no hay gorjeos ni fragmentos habilidosos, esta música no parece estar escrita para que los cantantes se exhiban sobre un escenario, sino para amigos que aman la poesía y la música y que se juntan para tocar y escuchar.

Son poemas, a veces, inspirados en leyendas antiguas. De hecho, a los artistas románticos les encantaban los cuentos populares que hablaban de brujas y criaturas mágicas. En otras ocasiones, sin embargo, solo son fantasías, como si el poeta, al seguir el hilo de sus pensamientos, soñase con los ojos abiertos…

Todos o casi todos los músicos románticos compusieron *Lieder*, pero el maestro indiscutible, el que nos ha dejado las antologías más bellas y numerosas, es, sin duda, Schubert.

Si escucháis alguna de sus *Lieder* más bonitas, aunque no contenga muchas palabras, comprenderéis qué quiere decir el Romanticismo, al menos, en lo que respecta a la música.

Podemos contentarnos así porque el significado de términos como este no se puede entender por completo de una sola vez. Se necesita tener paciencia y construirlo poco a poco, fragmento a fragmento, como… ¡un puzle! Sí, de esos que se os dan tan bien hacer.

Una tarde
en el **Teatro de** la
Scala

Queridos niños, hace poco que hemos perdido de vista a los cantantes… ¡y quizás os estaréis preguntando qué ha pasado con ellos!

Como supondréis, nuestros queridos cantantes están muy bien. Por supuesto, han debido modernizarse y renunciar en parte a su poder, pero todos los teatros continúan llenándose de público y siguen recibiendo aplausos.

¿Queréis que vayamos a ver de cerca qué sucede en los teatros de ópera del siglo XIX? Elegiremos uno de los más importantes: el Teatro de La Scala de Milán.

Oh, ¡os haré irrumpir allí en el momento justo! Sí, una tarde de marzo del año 1842…

¿Veis? El teatro está lleno. Hay muchas personas elegantes en la grada y los palcos mientras que, allí arriba, están aquellas otras menos ricas porque se paga poco para entrar en el *gallinero*, la zona superior en la que, a pesar de estar más alejada, se escucha mejor que en cualquier otra parte del teatro.

También hay muchos hombres uniformados, son soldados austríacos. Sí, porque, en este período, Italia no era totalmente como ahora, sino que estaba dividida en muchos estados. Milán, en la parte norte, estaba dominada por los austríacos. Qué absurdo, ¿verdad? Personas que hablaban otro idioma dominaban un país que no era el suyo. ¡Ver para creer!

Vamos, démonos prisa, ¡llegamos tarde! La ópera acaba de comenzar…

Esta tarde, en La Scala, se representa una nueva ópera, escrita por un joven compositor: Giuseppe Verdi. Se titula *Nabucco* y habla de los hebreos que fueron derrotados en la guerra y convertidos en esclavos de otro pueblo, los babilonios.

Pero ¿qué pasa ahora? Todos los hebreos cantan a coro «Va' pensiero». Es un canto triste porque, con él, expresan su dolor por haberse convertido en prisioneros. Un poco como los italianos, ¿no? Prisioneros de los austríacos…

El canto termina y se hace el silencio. Parece que a todos nos ha aparecido en la mente el mismo pensamiento.

Después, desde lo alto del gallinero, un grito rompe el silencio: «¡Viva Italia!». Enseguida, muchas otras voces se unen y todo se convierte en chillidos y aplausos. Los soldados austríacos no saben qué hacer. ¿Hay que arrestar a todos los que gritan? ¿Se debe suspender el espectáculo? La culpa es de ese músico, Giuseppe Verdi, que lo ha hecho a propósito. Ha puesto en escena a los hebreos prisioneros, pero quería decir: estos son los italianos, prisioneros en su propia casa. Y todos lo han entendido, claro… Y, además, con esa música tan bonita que conmueve a cualquiera…

Pues sí, chicos, la ópera ha cambiado. Además de ir al teatro para escuchar a los virtuosísimos cantantes… ahora el público disfruta de las óperas porque, para hacerlas, los músicos buscan historias que consigan conmoverlo y mantenerlo con el aliento contenido.

Las historias hablan de luchas por la libertad, igual que las que se producían en Italia y el resto de Europa en ese período. Pero también son historias de amistad, de ambiciones y sobre todo… ¡de amor!

Eso es, ¡de amor! De ese amor que, ¿cómo dice…? Sí, como canta Violetta (una de las grandes heroínas verdianas), es el corazón palpitante de todo el Universo. El amor puede empujar a la guerra y a la paz, a la traición más oscura y al sacrificio más sublime… El amor debe afrontar pruebas terribles, pero siempre, a su modo, triunfa.

Estamos en pleno Romanticismo, chicos, y la ópera romántica es una ópera de fuertes sentimientos.

El público y los compositores no esperan de los cantantes una serie infinita de gorjeos, sino la capacidad de

dar vida a sus personajes sobre el escenario como si fueran personas reales. A menudo, los personajes de estas óperas son todavía reyes y reinas, pero ahora no importa porque, en las historias de las que forman parte, se aman, odian, vengan y arrepienten, como hombres y mujeres normales.

Son iguales que esos hombres y mujeres que los ven encantados desde la platea y el gallinero: nobles y plebeyos, ricos y pobres, jóvenes y viejos. Y, una vez salen del teatro, siguen tarareando o, los que saben hacerlo, imitando las melodías de los coros y arias: alegres o tristes, desenfadadas o estridentes, pero siempre siempre inolvidables... ¡Ah, la ópera!

Pero ahora os preguntaréis: «¿Y fuera de Italia?».

¡Buena pregunta! Dicha cuestión nos lleva directamente al tema del próximo capítulo, en el que nos dirigiremos, a Alemania.

Sí, señor, ¡a Alemania! Para ir a buscar a un músico alemán, uno que ha escrito también óperas, aunque, a decir verdad, unas muy particulares...

La
alfombra
mágica

Este señor, llamado Richard Wagner, escribía óperas muy particulares porque era un tipo con ideas muy especiales.

De hecho, la música, según él, para ser bonita de verdad, debía unirse a las otras artes y, de esa manera, dar forma a una obra de arte única. En realidad, era una especie de superobra de arte, igual que lo había sido (otra vez) la tragedia de los antiguos griegos.

Por eso, había decidido escribir exclusivamente obras teatrales, porque solo en el teatro se podían juntar la música, la poesía y las artes visuales en un único espectáculo.

Hasta ahí, todo normal. ¡Hacía ya unos doscientos años que los músicos empezaron a componer obras teatrales! Pero Wagner tenía en mente algo muy diferente porque, cuando decía que sus óperas debían ser como las tragedias griegas, lo decía en serio.

De hecho, debéis saber que los espectáculos teatrales, para los antiguos griegos, no eran una simple diversión, sino algo mucho más importante. La tragedia griega ponía en escena los *mitos*, es decir, las fábulas que hablaban de los dioses y que formaban parte, por lo tanto, de la religión de los griegos. Por eso, para ellos, ir al teatro era un asunto muy serio, era algo que tenía que ver con la religión.

Wagner quería que ir a ver y escuchar sus obras al teatro también fuera algo así y, por eso, decidió que sus óperas debían basarse en los mitos. Sin embargo, no las centró en los mitos griegos, tan lejanos del mundo moderno, sino en las antiguas leyendas heredadas de su propio pueblo: el pueblo alemán.

Pero esto no es todo, queridos amigos, ¡mirad cuál fue el modo que Wagner inventó para crear su música! Le daba a cada uno de los personajes un *tema*, es decir, una melodía que siempre se tocaba cuando dicho personaje estaba en el escenario o cuando se hablaba de él. Y no solo a los personajes, también se los dio a las cosas, es más, también a lo abstracto, como al amor, la traición, etc.

Todas estas melodías se mezclan unas con otras como se entrecruzan los acontecimientos de los personajes. Así, la música no parece, como antes, una conversación entre distintas voces, con pausas y nuevos comienzos, sino mejor dicho un todo único que fluye ante nuestros ojos como una especie de tejido o quizás como una alfombra… sí, una alfombra formada por muchos hilos de colores que crean, al unirse, innumerables dibujos.

Los dibujos narran historias sobre dioses y héroes que hacen cosas extrañas y terribles, como en la más famosa de sus óperas, *El anillo de los Nibelungos*, que habla sobre un anillo mágico y de las aventuras de los dioses y los hombres que tratan de apoderarse de él, así como de un héroe invencible cuyo nombre es Sigfrido.

Dichos dibujos narran las aventuras de los antiguos caballeros, como en esos tapices (parecidos a las alfombras, pero que no se extienden por el suelo, sino que se

cuelgan en las paredes) que decoraban hace un tiempo los muros de los castillos, como en otra de sus óperas, *Tristán e Isolda.* Esta ópera narra la historia del caballero Tristán y la princesa Isolda quienes, con una poción mágica, se enamoran el uno del otro, pero no pueden amarse porque Isolda está prometida con el rey Marke. Si podéis, escuchad el *Preludio* de esta ópera, es decir, la música del comienzo, cuando aún los cantantes no están en escena y el telón sigue cerrado. Solo toca la orquesta. Es una pieza que sirve para introducir la atmósfera y prepararnos para la historia.

Si escucháis esta música, tan bonita como triste, igual de bonita y triste que la historia del caballero Tristán y la princesa Isolda, notaréis sin duda algo nuevo y distinto, algo que quizás no sabréis definir: melodías infinitas que se solapan unas con otras, acordes que a veces es imposible darles nombre…

Esta música, llena de encanto y magia como las historias que se ponen en escena, nos lleva lejos, oh, sí, muy lejos, a las torres de sonidos que, durante mucho tiempo, los músicos habían usado y a las útiles reglas antiguas de la armonía.

Y nos muestra, sin lugar a dudas, que las reglas del juego de la música ya están cambiando…

Una música
distinta

Ha llegado el momento de decir (aunque vosotros, inteligentes como sois, seguro que ya lo sospechabais) que la música de la que hemos hablado en nuestra historia no era la única que tocaba, escuchaba y cantaba la gente.

La música de la que nos hemos ocupado hasta ahora era la que podemos llamar *música culta*, es decir, música que escribían personas que habían estudiado un montón para aprender a crearla. Por otra parte, las personas que la escuchaban (es decir, el público) eran ricas o, aunque no fueran muy muy ricas, lo eran un poquito y, a menudo, vivían en las ciudades, donde había teatros y salas de conciertos, en los que esta música se podía escuchar porque los discos, como seguro que sabéis, no existían aún.

Pero lejos de la ciudad, en el campo, los campesinos, que quizás no se movían en toda su vida del pueblo donde habían nacido, también se divirtieron durante siglos escuchando música y bailando en las fiestas de las distin-

tas estaciones del año. Sin embargo, era una música distinta.

Era la *música popular*, es decir, la música nacida de la fantasía y de la habilidad de las personas que no habían estudiado. Además, los instrumentos de los que se servían solían ser diferentes.

Sobre todo, en algunos países del norte y el este de Europa, como Noruega, Finlandia o Hungría, países en los que la música clásica, esa de la que hemos hablado, no estaba tan extendida, la música popular había mantenido un carácter propio y se conservaba un gran número de melodías y cantos populares. Era parecido a algunos lugares en los que se conservan los trajes tradicionales de los campesinos, especiales y llenos de colores, que se ponen los días de fiesta.

Durante bastante tiempo, estos dos tipos de música, la culta y la popular, existían por separado, cada uno con su público, instrumentos y lenguaje. Pero, en cierto momento, así como los poetas románticos se aficionaron a los mitos y leyendas populares de sus países, los músicos tomaron en cuenta este tesoro de melodías y cantos que los campesinos transmitían de padres a hijos sin escribirlos porque no sabían cómo hacerlo.

Aunque se trataba de simples melodías populares, algunos de los compositores comenzaron a estudiarlas con curiosidad y afecto, así como tratáis con cuidado y cariño las cosas que os han dejado las personas de vuestra familia. De hecho, pensaban que aquellos que vivían en el mismo país tenían un legado que los unía: hablaban la misma lengua, a menudo tenían la misma religión y compartían, sobre todo, la misma Historia, es decir, habían vivido los mismos acontecimientos, felices o tristes. En resumen, un poco como hermanos, eran un pueblo.

Para vosotros, como es obvio, ya no es así porque los pueblos están todos mezclados y en la misma clase del colegio nos encontramos a niños que vienen de dos o incluso tres continentes distintos. Pero, en aquella época, sentirse parte de un pueblo era muy importante, también porque los estados a menudo entraban en guerra unos con otros y los que vivían en el mismo país debían estar unidos entre sí.

Por eso, algunos comenzaron a pensar que quizás sería más sensato que un músico, por ejemplo ruso, tomara como inspiración la música de los cantos populares de su país, en lugar de ir a Italia a aprender cómo se escribía la «música italiana», que estaba tan de moda.

Así, estos artistas probaron a utilizar en sus composiciones melodías populares que, con sus distintas armonías y modelos rítmicos particulares, abrían una ventana de renovación a la música «culta». Porque era justo una renovación, ¿sabéis? ¡Una de la que los músicos de este período tenían necesidad urgente, urgentísima!

La muchacha
de los cabellos de lino

E h, eh, ¡hace mucho tiempo que no miramos el reloj de la historia!

¿Dónde estamos? Veamos, el siglo XIX está a punto de terminar…

Es cierto que, al observar el transcurso de la historia desde arriba, vemos una gran agitación en este tramo final del siglo: muchos cambios y acontecimientos que llenan las páginas de los libros de Historia.

En cuanto a los artistas, poetas, pintores y músicos me parece que también ellos están muy ocupados en este período. O quizás, más que atareados, sería mejor decir que están inquietos, inquietos porque buscan algo nuevo.

El mundo se ha vuelto más grande en los últimos tiempos, el mundo conocido por los europeos, quiero decir. Países como Japón o las islas del océano Pacífico, de los que hace poco tiempo apenas se escuchaba hablar, ahora son visitados a menudo por barcos procedentes de Europa

106

o América. En algunos de estos navíos, al volver de Oriente, han llegado dibujos de artistas japoneses que han revelado a los pintores europeos una belleza nueva y les han enseñado un modo distinto de dibujar.

Los músicos, al observar el estilo nuevo y moderno de los pintores, también desean hacer algo nuevo y moderno. La música de Wagner ha abierto el camino. ¡Se necesita un cambio! Vale, pero ¿cuál?

Sobrevolando la historia con la ayuda de unos potentes prismáticos, miramos hacia abajo. Ahí está Francia, observadla… Y allí está París, su capital. ¡Qué bullicio! Pero nuestros superpotentes prismáticos se centran en uno de los miles de puntitos que merodean por la gran ciudad.

Es un músico llamado Claude Debussy. Está en su casa, terminando de escribir una pieza para piano. La pieza no tiene título. Se coloca ante el piano y la toca entera una vez. Sí, así está bien. Después, se sienta de nuevo, reflexivo, ante sus partituras. En cierto momento, sonríe como quien encuentra la palabra que buscaba. Coge la pluma y escribe al final de la pieza: *La muchacha de los cabellos de lino.*

Es justo esta la imagen que le sugiere la música que acaba de escribir, la de una chiquilla con el cabello suave y luminoso como el lino. Pero lo escribe debajo porque no es un título.

Quiere que quien toque esa pieza sepa solo al final la imagen que el autor tenía en mente, quizás sin darse cuenta, mientras la escribía. Porque la música puede evocar muchas imágenes distintas dependiendo de la persona que la escucha. Y sería una pena obligar a todos a que tuvieran la misma…

Si esta música fuese una tela (supongo que conocéis ese juego en el que se debe adivinar a una persona haciendo preguntas del tipo «Si fuera un animal, ¿qué sería?» o «Si fuera un color, ¿cuál sería?»), digamos que no sería una alfombra pesada como la música de Wagner, sino una de algodón ligero como un velo, con colores claros y luminosos.

Sin embargo, si no hubiese conocido la obra de Wagner, seguramente Debussy no habría podido escribir la suya. Si escucháis esta melodía, os daréis cuenta enseguida de que el músico no parece preocuparse de seguir el diseño ingenioso de la armonía y el contrapunto.

Los acordes se suceden los unos a los otros como si cada uno por sí solo pudiera suscitar en el espectador miles de impresiones y sensaciones.

Son armonías que recuerdan a la música de los pueblos orientales o a la música antigua... Pero, sobre todo, igual que en los cuadros de los pintores contemporáneos vemos imágenes hechas de colores (porque ¿quién ha dicho que para pintar un cuadro se necesite primero hacer el dibujo y después colorearlo? Se pueden hacer formas solo con los colores), Debussy construye su música al combinar los distintos sonidos de los instrumentos o, como se dice, distintos timbres para crear melodías hechas de sonoridad más que de notas...

Por lo tanto, ¿es este el nuevo camino, la nueva dirección? Parece que sí, esta es la vía por la que seguirán caminando los músicos posteriores a él. Es una búsqueda de algo nuevo que no parece tener final...

Lo poco gusta y lo mucho cansa

Todos los chicos conocen este refrán porque los adultos lo repiten a menudo. Pero ningún niño lo cree y, en realidad, tampoco los mayores lo hacen porque, cuando encontramos algo que nos gusta, es difícil dejarlo. Sin embargo, es un refrán muy sabio: en la naturaleza, todo tiene un principio y un final y ¡ay, madre mía, si no fuera así!

En nuestro caso, «lo que gusta» es el sistema de hacer música que hemos llamado *armonía* y que se conoce también, con una expresión un poco más difícil, como *sistema tonal* o «sistema basado en el uso de las tonalidades», es decir, de las escalas. Consistía, como ya sabemos, en un conjunto de reglas para combinar los acordes de los sonidos uno detrás de otro.

Esto, en realidad, no ha durado tan poco si pensamos que se ha mantenido durante trescientos años y que, durante todo este tiempo, se han compuesto, con el uso de estas reglas, piezas diferentes entre sí.

Pero igual que los pasatiempos, tras practicarlos mucho, se transforman, el juego de la armonía ya no era igual y se había convertido en algo muy distinto a cómo era en la época de Mozart y Beethoven.

Entonces, los músicos comenzaron a pensar, como ya había hecho Wagner en cierto modo, que las reglas del sistema tonal debían cambiar, ser menos rígidas, menos forzadas. Es más, también valía eliminar todas las tonalidades porque creaban un montón de complicaciones. En definitiva, ¿para qué servían las cuentas? ¿No era mucho más simple poder usar libremente los doce sonidos como se quisiera? Porque no es verdad que las notas solo sean siete, como se dice a menudo. En realidad, ¡son doce!

Entonces… ¡vía libre! Es decir, vía libre a todos los sonidos y acordes. ¡Es el fin de la tonalidad!

Pero, según vosotros, ¿se puede componer música sin ninguna regla? Bueno, yo pienso lo siguiente: la música es parecida a un idioma que se habla. Si no hay reglas… ¡nadie lo entiende!

De hecho, un músico austríaco llamado Schoenberg, quien quizás pensaba como yo, se esforzó en inventar reglas nuevas. Así creó un sistema al que llamó *dodecafonismo*, que quiere decir «sistema de doce sonidos».

Según este sistema, con los doce sonidos se debían formar series en las que cada uno solo se podía utilizar una vez y no se debía repetir. Después, estas series de sonidos podían, es más, debían elaborarse de distintas formas.

¿A qué os recuerda todo esto? A mí me viene a la mente cuando la música se hacía «a capas», cuando no se había inventado todavía la armonía, ¿no?

No obstante, el dodecafonismo no consiguió sustituir del todo al sistema tonal porque muchos compositores no lo usaron nunca o lo utilizaron solo alguna vez. Pero, sobre todo, el problema estaba en que esta música, la escrita con el sistema dodecafónico, no convencía nada al público.

A decir verdad, hacía ya tiempo que las personas que no eran expertas en música se encontraban a disgusto al escuchar las piezas modernas. Sin embargo, esto a los músicos no les parecía importante. Habían comenzado a pensar, a partir del Romanticismo, que los artistas eran superiores al resto de humanos y que, en la composición de su música, no debían tener en cuenta los gustos de la gente que, en su opinión, no entendía nada de arte.

Además, quizás pensaban que, como ya había ocurrido muchas veces, tras el primer momento de sorpresa, las personas aprenderían a apreciar la nueva música. Sin embargo, esta vez, como veremos en el próximo capítulo, las cosas fueron distintas…

Reinventamos la música!

Tras mucho hablar y hablar, queridos amigos, hemos llegado ya a una época muy cercana a la nuestra. En el capítulo anterior, hemos dejado a los músicos enfrentados a un gran problema, el de encontrar un método para componer música que sustituya al sistema tonal.

Enseguida os contaré que el problema no se resolvió, sino que se transformó, por así decirlo. De hecho, después de mucho pensar, algunos artistas entendieron que nunca encontrarían un nuevo modo de componer mientras pensaran en la música de la manera antigua. En resumen, para decirlo con claridad: era inútil abolir las escalas y los acordes del sistema tonal si se seguían componiendo sonatas y sinfonías como hacían los músicos cientos de años atrás.

Hemos dicho que la música es muchas cosas distintas, ¿no? Bien, los artistas ya habían entendido que debía ser muy diferente a lo que se hacía antes, que necesitaban cambiar de mentalidad… en fin, ¡que tenían que inventar de nuevo la música!

Sin embargo, esta música nueva debía ser novedosa de verdad. Para comenzar, los instrumentos como el violín o el piano ya no se podían usar como los habían utilizado Mozart o Beethoven, sino que también ellos debían transformarse en algo nuevo. De hecho, bastaba, por ejemplo, con insertar entre las cuerdas del piano objetos pequeños, como tornillos o tuercas, para que modificasen totalmente su sonido.

Así ha hecho, por ejemplo, un compositor americano, John Cage, quien ha escrito algunas piezas tituladas *Amores para piano preparado*, es decir, un piano al que se le han introducido objetos especiales entre las cuerdas.

También para los instrumentos de cuerda y de viento se buscó la manera de que sonaran distintos a los tradicionales, para obtener sonidos y timbres nuevos que jamás se habían escuchado.

Sin embargo, los músicos se dieron cuenta de que necesitaban sobre todo pensar bien qué quería decir escribir y tocar música. Porque, por ejemplo, uno podía no escribirlo todo, sino quizás dar solo indicaciones y dejar al artista que tocaba la posibilidad de seguirlas de maneras distintas. Así, la pieza de música sería cada vez un acontecimiento nuevo y único. O, por el contrario, se podía decidir todo como en un esquema y dejar que la música se hiciera sola como resultado de un juego matemático...

En resumen, cada uno llevaba a cabo sus propios experimentos, lo que resultaba muy bonito... si no fuese por el problema del que hablábamos en el capítulo precedente, que este modo tan novedoso de hacer música desorientaba al público.

Las personas estaban acostumbradas a ir a los conciertos y a escuchar a los músicos que tocaban preciosas melodías con habilidad y sentimiento. Ahora se encontraban en las mismas salas de conciertos con artistas que quizás hacían sonidos extraños con sus instrumentos, que parecían puestos al azar y que, al final, hacían reverencias y se tomaban los aplausos del público con tanta seriedad como si acabaran de tocar una sonata de Beethoven.

Muchos se sentían engañados, se iban o se enfadaban, gritando contra los músicos: «¡Esto no es música!». Según mi opinión, no tenían razón. Como mucho, deberían haber gritado: «¡Esta música no nos gusta!».

Sin embargo, los artistas también habían cometido un error porque, si su música era nueva, el modo de presentársela al público también debía serlo. Si, por ejemplo, hubieran dicho: «¡Nos reuniremos todos los martes en el parque para hacer una música totalmente nueva!», quizás la gente hubiera sentido curiosidad y se habría mostrado dispuesta a escucharla. Pero si iban a la sala de conciertos con vestidos elegantes ante personas que quizás habían pagado la entrada para escuchar la sonata de Mozart que se indicaba en la primera parte del programa y se ponían a tocar el piano con los codos o a estar cinco minutos en silencio para escuchar el sonido ambiental porque también él puede formar parte de la música… bueno, en fin, estaba claro que no funcionaría.

Aun así, a su modo, estos músicos tenían razón: la música se debía reinventar. Quizás, su propósito era justo el de enseñar a las personas a escuchar con nuevos oídos, el de hacerles entender que la música no es solo «esa cosa particular que se ha hecho en una época concreta», sino que también puede ser otra cosa.

Así como en la pintura no es bueno solo el que sabe visualizar, por ejemplo, una manzana, sino también el que sabe despertar emociones de alegría o tristeza, quizás al usar solo manchas de colores, en la música, puede ocurrir también que un conjunto de sonidos que no se convierta necesariamente en una melodía nos haga soñar…

¿Os parece extraño?

No obstante, es como en el Juego de la Oca, ¿sabéis? Quizás nuestro camino nos haya llevado al primer capítulo de la historia…

La moraleja de la historia

¡Uff! ¡Nuestra historia se ha acabado! El viaje por el castillo de la música se ha terminado. Ha sido un trabajo duro, ¿eh?

¡Y ni siquiera lo hemos visitado todo! Es un castillo demasiado grande para explorarlo entero de una sola vez… Sin embargo, ahora que os he mostrado el camino, cada uno de vosotros puede volver por su cuenta y hacer sus propios descubrimientos. Y volveréis, ¿verdad? ¿Vendréis a buscarme? Porque ahí está mi casa y hay espacio para todos. Sin embargo, antes de despedirnos, ¡hay una cosa que debemos hacer aún!

«¿Qué es?». Pero ¿no habéis visto el título? ¡La moraleja! Sí, *LA MORALEJA DE LA HISTORIA*. Todas las historias respetables la tienen. Es una enseñanza que surge al final y que nos ayuda a entender el sentido de lo que hemos leído.

Durante este largo viaje, hemos aprendido que, para los hombres de las distintas épocas, la música ha sido muchas cosas diferentes. Para algunos era magia y para otros, plegaria. Para algunos era un modo divertido de pasar el tiempo mientras que, para otros, era lo más importante que los hombres podían hacer. También había otros que la veían como un modo de alardear o admirar la capacidad y agilidad de los dedos. La música puede ser todas esas cosas porque responde a muchas de las necesidades de los hombres. Ahí está la moraleja: ¡la música es un mundo! Un mundo en el que se vive, un mundo que se explora. ¡Sí, se explora sin cansarse nunca!

Y, cuando escuchéis música o aprendáis a tocarla, debéis estar dispuestos a comenzar una aventura. No podéis saber con exactitud a dónde os llevará dicha aventura, si os gustará o no, pero sabréis que vale la pena intentarlo. ¡Así es!

Oh, por cierto… ¡qué descuido! Os he preparado también una lista… sí, de piezas para escuchar que os recuerden a aquello que os he contado. Ahí os la dejo… ¡Arriba! ¡Volemos!

Hasta pronto… ¡Os espeeerooo!

Papageno
aconseja!

Papageno aconseja...

Raimbaut de Vaqueiras, *Kalenda Maya*

Josquin Desprez, *Kyrie* de *la Misa* «Hercules Dux Ferrariae»

Claudio Monteverdi, *Vi ricorda o boschi ombrosi* (Recordáis, oh, bosques sombríos) de Orfeo

Antonio Vivaldi, *Allegro del Concierto para oboe en Fa mayor. RV 456*

Johann Sebastian Bach, *Tocata y fuga en Do menor BWV 911*

Johann Sebastian Bach, *Giga de la Suite nro. 1 para violonchelo BWV 1007*

Johann Sebastian Bach, *Coral de la Cantata BWV 147*

Christoph Willibald Gluck, *Che farò senza Euridice* (¿Qué haré sin Eurídice?) *de Orfeo y Eurídice*

Giovanni Battista Pergolesi, *Lo conosco (Lo conozco) de La criada patrona*

Domenico Scarlatti, *Sonata para clavecín en Mi mayor K 380*

Wolfgang Amadeus Mozart, *Andante de la Sonata para piano K 545*

Wolfgang Amadeus Mozart, *Der Vogelfänger* (El cazador de pájaros) de *La flauta mágica*

Ludwig van Beethoven, *Obertura* de *Egmont*

Ludwig van Beethoven, Adagio de la Sonata nro. 14, Op. 27, llamada *Claro de luna*

Niccolò Paganini, *Capricho nro. 1, Andante* de los *24 Caprichos,* Op. 1 MS 25

Robert Schumann, *Nro. 1, Extraños países y personas* de *Escenas infantiles, Op. 15*

Franz Schubert, *Lied Der Musensohn* (El hijo de las musas), *D 764*

Giuseppe Verdi, *Ah forse è lui* (Quizá sea él) de *La traviata*

Richard Wagner, *Preludio de Tristán e Isolda*

Bedřich Smetana, *IV tempo Vivace del Cuarteto de cuerda nro. 1, De mi vida*

Claude Debussy, Preludio nro. 8, *La muchacha de los cabellos de lino* del primer libro de los *Preludios*

Arnold Schoenberg, *Musette de la Suite para piano, Op. 25*

John Cage, *Amores para piano preparado*

Niccolò Castiglioni, *Nro.2, Il ruscello* (El riachuelo) de *Inverno in-ver, 11 poemas musicales para orquesta pequeña*